Der Bodensee

Albrecht Brugger
Erika Dillmann

Der Bodensee

Eine Landeskunde im Luftbild

Konrad Theiss Verlag Stuttgart

CIP-Kurztitelaufnahme der Deutschen Bibliothek

Brugger, Albrecht:
Der Bodensee : e. Landeskunde im Luftbild /
Albrecht Brugger ; Erika Dillmann. – Stuttgart :
Theiss, 1983.
ISBN 3-8062-0280-X
NE: Dillmann, Erika:

Schutzumschlag: Michael Kasack, Frankfurt

ISBN 3-8062-0280-X
Gesamtherstellung: Grafische Betriebe Süddeutscher
Zeitungsdienst, Aalen

Printed in Germany

Vorwort

Dieses Buch ist einer Landschaft gewidmet, die in ihrer Schönheit wie kaum eine andere Herkunft und Geschichte, Reichtum und Gefährdung europäischer Kultur widerspiegelt. Es will mehr sein als eine Sammlung bezaubernder Bilder, mehr als ein Loblied auf Großes in der Vergangenheit, auf Annehmlichkeiten der Gegenwart. Bodensee: Das ist See und Landschaft, Ferienland und Wirtschaftsraum, Wochenendziel und Heimat, Hügelland und Alpen, ein Paradies der Natur und ein Schnittpunkt der Verkehrswege, es ist Deutschland, Schweiz und Österreich in einem, und es ist – wie alles Lebendige – in einer ständigen Verwandlung begriffen. Diese Landschaft ist heute nicht, wie sie gestern war, und kann morgen nicht mehr sein wie heute.
Um die Wirklichkeit der Bodenseelandschaft sichtbar zu machen, bedarf es der Übersicht, die nur das Luftbild geben kann. Albrecht Brugger nimmt uns mit auf seinen großen Flug. Aus Höhen zwischen 2000 und 3000 Metern erfassen wir, was uns sonst immer nur in Ausschnitten, als Gegenüber in oft täuschender Perspektive vor Augen steht: den See als Ganzes, eingebettet in seine vielgestaltige Landschaft, deren Zusammengehörigkeit, von hier oben aus gesehen, keine Ländergrenzen trennen. Manches zeigt uns der Luftbildfotograf aber auch fast in Nahaufnahme, wie aus der Sicht der Möwen, die übers Ufer streichen. Jahrzehntelange fotografische Erfahrung und fliegerisches Können haben ihm Bereiche erschlossen, die in ihrer packenden Unmittelbarkeit nichts mehr mit der kühlen Distanz der Luftaufnahmen von einst zu tun haben.
Indem es einzelnes sichtbar macht und es zugleich in den größeren Zusammenhang rückt, wird das Luftbild zum unübertroffenen Schlüssel der Landeskunde. Unbestechlich zeigt es im Gegenwärtigen die Spuren der Vergangenheit, das erdgeschichtliche Erbe, die topografischen Voraussetzungen für die Entwicklung von Siedlung und Verkehrswegen. Wir erkennen die ursprünglichen Windungen längst begradigter Flußläufe, die Verlandungszonen des Sees, die organischen Veränderungen der Gewässer, wir können in den Wachstumsringen mittelalterlicher Städte lesen, wir spüren mit den Augen wieder auf, worüber die Geschichte vermeintlich längst hinwegging.
Diese umfassende Sicht hebt das Buch aus der Fülle der Bodensee-Literatur, auch aus der Vielzahl von Bildbänden heraus. Sie ermöglicht nicht nur, sie zwingt uns geradezu, den Rahmen üblicher Bodensee-Betrachtung zu sprengen, jenseits lokaler, regionaler, auch nationaler Betrachtungsweisen das Ganze ins Auge zu fassen. Daraus erschließt sich erst die Großartigkeit dieser Landschaft, ihre Vielfalt, ihre Harmonie – aber auch die Verantwortung, die wir alle für sie tragen.
Beim Anschauen der Bilder stellen sich Fragen, die der Text in großen Zügen zu beantworten sucht. Die vier den Bildteilen vorangestellten Kapitel geben auf knappste Weise Einblick in die natürlichen Verhältnisse des Sees, in die Eigenart der umgebenden Landschaft, sie erzählen die Geschichte des Bodenseeraumes bis in unser Jahrhundert und setzen sich mit der heutigen Wirklichkeit und ihren Problemen objektiv und kritisch auseinander.
»Nahaufnahmen« ergänzen auch hier den Überblick. Zu jedem der 84 Bilder des Buches gibt es eine ausführliche Beschreibung, die auf Einzelheiten des Gezeigten eingeht, historische Zusammenhänge und Veränderungen erläutert, Aufgaben und Ziele erklärt. So lassen sich Bilder und Texte zusammen lesen.
Die Arbeit an diesem Buch führte oft auf bisher unbegangene Wege. Sie führte diesseits wie jenseits der Grenzen zu Partnern, die ihre Kenntnisse und jede Hilfe großzügig zur Verfügung stellten, um dem Vorhaben dieser Gesamtschau zu dienen. So ist das Buch schließlich selbst zum Beispiel geworden für die alles Trennende übergreifende Zusammengehörigkeit der Landschaft und ihrer Menschen. Darin liegt Hoffnung.

Erika Dillmann

Inhalt

Der See

Man muß nicht wissen, daß der Bodensee der drittgrößte See Europas und nächst dem Genfer See der zweitgrößte der Alpen ist, und seine Fläche von 540 Quadratkilometern muß einem nicht geläufig sein: Dem Betrachter steht die Bedeutung dieses Gewässers für Landschaft und Klima und für den gesamten Haushalt der Natur auch so plastisch vor Augen. Setzt man die größte Tiefe von 252 Metern zwischen Friedrichshafen und Uttwil zur Ausdehnung in Beziehung – 65 Kilometer Luftlinie zwischen Bregenz und Ludwigshafen, größte Breite am Obersee 14 Kilometer zwischen Friedrichshafen und Arbon –, so erweist sich der Bodensee eher als flaches Becken. Seine wirkliche Größe ergibt sich aus den rund 50 Milliarden Kubikmetern Wasser, die er bei mittlerem Pegelstand faßt: eine kaum vorstellbare Menge. Rund 12 Milliarden Kubikmeter werden ihm jedes Jahr durch seine Zuflüsse zugeführt, etwa ebensoviel fließt durch den Hochrhein wieder ab. Der geringe Anteil der pro Jahr im Durchschnitt direkt auf den See fallenden Niederschläge an der Wasserzufuhr, nämlich 3,4 Prozent, macht immer noch rund 420 Millionen Kubikmeter aus, und knapp 300 Millionen Kubikmeter verdunsten jedes Jahr; das ist um etwa 50 Prozent mehr, als die rund 20 Seepumpwerke einschließlich der Baden-Württembergischen Bodensee-Wasserversorgung entnehmen.

Der Blick in Längsrichtung über die ungeheure Wasserfläche macht die Kugelgestalt der Erde sichtbar. Aus ihr ergibt sich zum Beispiel zwischen Bregenz und Konstanz eine Wölbung von rund 40 Metern Scheitelhöhe. Nur was vom Konstanzer Münsterturm höher ist, kann man an klaren Tagen vom Ostende des Sees aus erkennen. Bei 263 Kilometern gesamter Uferlänge (Deutschland 168, Schweiz 69, Österreich 25) und einem topografisch wie klimatisch so vielfältigen Hinterland ist die Zahl von 196 Zuflüssen nicht erstaunlich. Nur wenige von ihnen spielen für den Wasserhaushalt des Sees wirklich eine Rolle, so Argen und Schussen am württembergischen Ufer, die Leiblach als bayerisch-österreichischer Grenzfluß, die Bregenzer und die Dornbirner Ach in Vorarlberg. Sie alle zusammen bringen aber nur wenig mehr als ein Viertel der jährlichen Wasserzufuhr, die zu 73 Prozent vom Alpenrhein mit seinem hochalpinen Einzugsgebiet von 6315 Quadratkilometern bestritten wird.

Gewaltige Wassermassen

Mit der Schubkraft seines Gefälles, die durch die schnurgerade Regulierung mit dem Fussacher Durchstich im Jahre 1900 noch verstärkt wurde, verdrängt der weißlich gletschertrübe Rhein bei seiner Mündung in den See zunächst das dunkelgrüne Seewasser und schiebt es etwa 1500 Meter vor sich her. Dann aber gewinnen andere Naturgesetze die Oberhand. Das wesentlich kältere und daher auch spezifisch schwerere Rheinwasser stürzt unvermittelt in die Tiefe, wobei sich wie bei einem freien Wasserfall Wellen und Schaumkronen bilden: der »Rheinbrech«. In einer Wassertiefe bis zu etwa 30 Metern nimmt der Strom zunächst seine ursprüngliche Fließrichtung wieder auf und stößt bis zum Nordufer vor. Ihm folgt er in westlicher Richtung, bis er auf der Höhe von Hagnau in den Sog des Konstanzer Trichters gerät. In der Mitte des Obersees wird dabei eine Art Wirbel ausgelöst. Ein Teil der Strömung läuft wieder dem Südufer zu und schließt sich dann südöstlich noch einmal dem im Mündungsbereich einfließenden Rheinwasser auf seinem Weg zum Nordufer an.

Markanter als der Obersee erweist sich der Untersee als ein »Rheinsee«. Das enge Bett des Seerheins, das innerhalb der Stadt Konstanz das Westende des Obersees, den sogenannten Konstanzer Trichter, mit dem Untersee verbindet, erhöht trotz eines verhältnismäßig geringen Gefälles die

Schubkraft des Stromes, so daß er im Seeteil südlich der Reichenau in fünf bis zehn Metern Tiefe als kräftige Strömung zu erkennen ist. Westlich der Reichenau wenden sich Teilströme in den Zeller See.
Wie bei allen Alpenseen schwankt der Pegelstand des Bodensees im Laufe eines Jahres beträchtlich. Zwischen dem tiefsten Wasserstand, meist um die Wende vom Februar zum März, und dem nach dem Einsetzen der Schneeschmelze in den Alpen nach und nach erreichten Höchststand Mitte Juni liegen im allgemeinen mehr als eineinhalb Meter Unterschied. Zum Sommeranfang beginnt der Seespiegel wieder zu sinken, eine Bewegung, der allerdings die häufig reichlichen Niederschläge im Juli und manchmal auch im Spätsommer und im frühen Herbst entgegenwirken. Bei Hochwasser kann der See seinen mittleren Höchststand immer wieder um ein bis zwei Meter übersteigen, und es kann dann auch vorkommen, daß er statt der üblichen ein oder zwei Zentimeter innerhalb eines Tages dreißig oder vierzig an Pegelhöhe zulegt. Alle diese für den Laien ein wenig theoretischen Zahlen machen doch den gigantischen Wasserhaushalt des Sees anschaulich: Ein einziger Zentimeter Pegelunterschied entspricht einer Wassermenge von 5,4 Millionen Kubikmetern.

Beziehungsreicher Wärmehaushalt

Schon seit hundert Jahren beschäftigt sich die Wissenschaft mit dem Einfluß, den der Bodensee auf das Klima seiner Umgebung ausübt. Auch wenn die sommerliche Erwärmung nur die oberen Wasserschichten erfaßt, speichert der See im Laufe eines Jahres eine Wärmemenge, die man mit der von etwa 17,5 Millionen Tonnen Steinkohle verglichen hat. Die Klimagunst des Seebeckens, das durch die Föhnwinde zusätzlich erwärmt wird, profitiert auch von diesem Wärmespeicher. Auf ihn wird es vor allem zurückgeführt, daß Frühjahr und Herbst in Seenähe weniger Frosttage aufweisen, milder und ausgeglichener verlaufen als auf den Höhen des Hinterlandes.
Umgekehrt: Wenn auch der flache Untersee, der an seiner tiefsten Stelle nur 46 Meter erreicht, mindestens in Teilen alle paar Jahre zufriert, treffen die für eine »Seegfrörne« am Obersee notwendigen Bedingungen – eine lange Kälteperiode ohne nennenswerte Luftbewegung – nur äußerst selten zusammen. In diesem Jahrhundert hat bisher nur im Februar und März 1963 eine tragfähige Eisdecke den gesamten See überzogen. Absolute Windstille ist Voraussetzung für die Bildung einer größeren Eisfläche, denn jede Durchmischung würde den bei sehr niedrigen Lufttemperaturen an der Wasseroberfläche vielleicht bereits erreichten Gefrierpunkt überwinden.
Zwischen Oberfläche und Tiefenwasser findet sich eine ganze Skala unterschiedlicher Wassertemperaturen. Die Tatsache, daß Wasser mit vier Grad seine größte Dichte, also sein höchstes spezifisches Gewicht, aufweist, ist für die Schichtung des Sees und seine Selbstreinigungskraft von größter Bedeutung. In der warmen Jahreszeit, wenn die oberen Wasserschichten mittlere Temperaturen von 16 bis 17 Grad und in der Spitze auch einmal 22 Grad erreichen, mißt das Wasser in 30 Metern Tiefe nicht mehr als 8 bis 9 Grad, bei etwa 50 Metern schwankt es zwischen 4 und 6 Grad, und schon etwa ab 60 Meter Tiefe – wo sich zum Beispiel auch die Entnahmestelle für die Bodenseewasserversorgung bei Sipplingen befindet – bleibt die Temperatur das ganze Jahr über konstant bei 4 Grad.
Der sommerliche Temperaturaufbau des Wassers richtet sich nach dem spezifischen Gewicht der einzelnen Schichten. Der Schwerpunkt liegt in der Tiefe, die von der horizontalen Bewegung durch Wind und Strömung daher unberührt bleibt. Nur im Hochwinter, vor allem im Februar, erreicht der See im allgemeinen von der Oberfläche bis in die Tiefe einheitlich vier Grad oder wenig darüber. Die Dichteunterschiede sind aufgehoben, so daß der Wind nun die gesamte Wassermasse durchmischen und die für die Anreicherung mit Sauerstoff so wichtige Vollzirkulation herbeiführen kann.

Föhn und anderes Wetter

Vom Wind ist die Rede. Der Bodensee steht in dem Ruf eines Gewässers, dem die sportliche Brise abgeht. Segelregatten müssen gelegentlich, wie auch anderswo, wegen totaler Flaute abgebrochen werden. So entsteht ein Fehlurteil, subjektiv wie die Überschätzung der Häufigkeit des Föhns. Kräftig durchstehende Winde, jäh einbrechende Stürme mit hohen Spitzengeschwindigkeiten und schwerem Seegang gibt es jedes Jahr auch am Bodensee.
Wie im gesamten Alpenvorland begünstigt die großräumige Luftdruckverteilung Winde aus Südwesten und aus Westen, während die aus nördlicher und nordöstlicher Richtung seltener sind. Als Folge der unterschiedlichen Landschaftsgestaltung in den Uferbereichen rund um den See bildet sich eine große Zahl von Lokalwinden aus. Zudem rufen die

Temperaturunterschiede, besonders an sonnigen Tagen, den zum Land wehenden Seewind hervor, der gegen Abend vom Landwind in entgegengesetzter Richtung abgelöst wird. So ergibt sich ein äußerst vielfältiges Bild mit gelegentlich schon innerhalb kleinräumiger Zonen wechselnden Windrichtungen.

Der Föhn, grundsätzlich auch eine Spezialität des gesamten Alpenvorlandes, wird von dem tief eingeschnittenen breiten Graben des Alpenrheintals nach Norden geführt und bei seinem Austritt aus dem Tal direkt auf den südöstlichen See geworfen. Seine Geschwindigkeit und sein Auftreten in wechselnden Böen machen den Föhn besonders gefährlich und noch unberechenbarer als die stürmischen Gewitter, die sich von Südwesten oder auch einmal von Osten her aufbauen. Ein internationales Sturmwarnsystem mit Blinklichtanlagen rund um den See erleichtert es der Schiffahrt, Gefahren rechtzeitig zu erkennen.

Unterschiedliche Berichte von glücklichen oder über verregnete Wochen am Bodensee enttäuschten Feriengästen hängen zu einem guten Teil – wie alle Wetterbeobachtungen – von zufälligen Eindrücken ab, aber nicht nur: Die Niederschlagsmenge und damit auch ihre Häufigkeit nimmt tatsächlich von Westen nach Osten hin zu. Meist werden die Niederschläge vom Westwind herangeführt. Deshalb liegen gerade die nordwestlichen Teile des Gebietes noch im sogenannten Regenschatten von Schwarzwald und Jura und bekommen im Durchschnitt nur rund 700 Millimeter Niederschlag pro Jahr. Auf die Alpen mit ihrer beträchtlichen Stauwirkung zu erhöhen sich Menge und Häufigkeit.

Ein Jahresmittel von 1000 Millimetern Niederschlag wird etwa auf der Linie Tettnang–Langenargen–Arbon–Bischofszell erreicht. Das westliche Allgäu, Bregenz und die Vorarlberger und Appenzeller Höhen verzeichnen mit einem Jahresmittel bis 1500 Millimeter die doppelte Niederschlagsmenge wie der Westen des Gebietes. Das heißt aber nicht, daß bei einem entsprechend kräftigen Einbruch feuchter Meeresluft nicht das gesamte Gebiet bis weit ins nördliche wie südliche Hinterland hinein gelegentlich von ergiebigen Regenfällen heimgesucht werden kann. Ein Drittel der Gesamtmenge fällt – das zeigen die langjährigen Beobachtungen – als Sommerregen mit Schwerpunkt im Juli, je knapp ein Viertel im Frühling und im Herbst, und nur etwa ein Sechstel im Winter. Diese Tatsache führt, in Verbindung mit der Wärmereserve des Sees, dazu, daß es rund um den See seltener und kurzfristiger zu einer geschlossenen Schneedecke kommt als in vergleichbaren Gebieten ähnlicher Höhenlagen.

Wer würde sich während einer ausgiebigen Regenperiode nicht in eine Gegend mit trockeneren Sommern wünschen? Die Feriengäste und die Fremdenverkehrswirtschaft sind mit dieser Vorstellung nicht allein. Auch die Bodenseeanwohner selber möchten nach Feierabend gern die vielen Bade- und Sportmöglichkeiten nutzen, und die Obstbauern müssen bei heftigen Julireglen stets um die Qualität ihrer Kirschenernte, die Grünlandwirte um Heu oder Futterbau bangen. Aber es ist nun einmal so, daß, was man die Lieblichkeit der Bodenseelandschaft nennt, was Wälder und Felder, Reben, Obst und Hopfen so prächtig gedeihen läßt, dem besonderen Zusammenspiel von Boden und Klima, Sonnenintensität und Feuchtigkeit zu verdanken ist.

Bei näherem Zusehen bringt die Ausdehnung des Bodensees wie die Vielgestaltigkeit der ihn umgebenden Landschaft eine gewisse klimatische Differenzierung mit sich. So begünstigt zum Beispiel der See als Wärmespeicher vor allem die unmittelbare Uferzone. Im östlichen Teil des Sees, wo mehr als 1000 Millimeter Niederschlag fallen, wirkt sich das auch auf die Sonneneinstrahlung und auf die Wärmebilanz insgesamt aus. Solche Nachteile werden aber im östlichen Seegebiet und vor allem im Bereich des Alpenrheintals durch die warmen Föhnwinde bis zu einem gewissen Grad wiederaufgehoben. Auch die Höhenlage spielt eine Rolle. Auf diese Weise ergibt sich eine natürliche Ordnung, die dem Weinbau, dem Obst- und Gemüsebau, dem Getreidebau, der Vieh- und Weidewirtschaft ihre Nutzungsräume zuweist.

Unberührte Natur

Der Bodensee ist für die umgebende Landschaft nicht nur ein Klimafaktor. Wasser und Land stehen im Uferbereich von Natur aus in unmittelbarem Lebenszusammenhang, wenn das auch auf weite Strecken nicht mehr erkennbar ist. Aber wir können diesem Zusammenspiel trotz aller schmerzlichen zivilisatorischen Eingriffe noch begegnen. Einige der Gebiete, die Tieren und Pflanzen von Land und Wasser noch als ungestörte Lebensräume erhalten geblieben sind, stehen unter Naturschutz. Bei anderen ist man um diesen Schutz oder doch um die weniger durchgreifende Kennzeichnung als Landschaftsschutzgebiet bemüht.

Mitten in unserer perfekten Zivilisation gelingt es der Natur da und dort noch, sich dem ordnenden Zugriff des Menschen zu entziehen und neue Biotope entstehen zu lassen. Ein Beispiel dafür ist die neue Rheinmündung zwischen

Fussach und Hard, die heute unter den wenigen großen Reservaten unberührter Natur am Bodensee an erster Stelle steht. Mit seiner Geschiebefracht vergrößert der Rhein sein Delta jedes Jahr um mehr als drei Hektar, neues Land, auf dem Wasser und Licht sogleich eine üppige Vegetation sprießen lassen. Weit ab von Straßen und Fremdenverkehr und wegen der unberechenbaren Untiefen auch vom Wassersport eher gemieden, kann sich das Leben von Pflanzen und Tieren nahezu ungestört entwickeln. Längst haben die Vögel diese Oase für sich entdeckt, insbesondere als Rastplatz auf ihren Zügen zwischen dem Norden und dem Süden Europas.

Das Rheindelta hat das bedeutende, seit Ende der sechziger Jahre mit dem Europa-Diplom ausgezeichnete Naturschutzgebiet Wollmatinger Ried am Ostende des Untersees, mit dem das Ermatinger Becken trotz der schmalen Rinne des Rheins in unmittelbarem Zusammenhang steht, auf den zweiten Platz verwiesen. Für Vögel besonders günstige Bedingungen im Übergangsbereich von Wasser und Land finden sich auch auf der Halbinsel Mettnau und im Mündungsgebiet der Radolfzeller Aach, schließlich im Eriskircher Ried. Dort wachsen im Frühling die blauen Iris, und man kann eine Fülle von Pflanzen beobachten, die sich – entsprechend dem wechselnden Pegelstand des Sees – als eine Art Amphibien auf das Leben im Wasser wie an Land eingerichtet haben. Dagegen haben bekannte, von der Fläche her kleinere Gebiete wie im Mündungsgebiet der Seefelder Aach, an der Stockacher Aach, im Mainauried, auf der Höri infolge des zunehmenden Drucks vielfältiger Umweltbelastungen sehr an Bedeutung verloren.

Lebenswichtige Reservate für seltene Pflanzen und Tiere bilden auch die vielfach landeinwärts gelegenen kleinen Seen, zum Beispiel der Stockenweiler Weiher bei Lindau, die vielen Moor- und Streuwiesen, aber auch Tobel wie der Hödinger bei Überlingen, der neben seiner Steppenheide-Vegetation auch Einblicke in die geologische Schichtung der Molasse gewährt.

Die reiche Vogelwelt des Bodensees ist auch den Einheimischen nur wenig bekannt. Dabei gibt es in diesem Teil Europas kaum ein anderes natürliches Gewässer, das für so viele und verschiedenartige Vögel Stand- oder Durchzugsquartier ist. Über dreihundert Arten werden im Lauf des Jahres beobachtet. Was man kennt, sind die Lachmöwen, die in Schwärmen die Schiffe begleiten und im Frühjahr zu Tausenden die landeinwärts gelegenen Brutplätze bevölkern. Zierlicher, und als Zugvogel nur im Sommer am Bodensee, ist die Flußseeschwalbe. Jedes Jahr in die Schlagzeilen kommen die äußerst zahlreichen Bläßhühner oder Belchen, wenn sie am Schweizer Ufer des Untersees zur Jagd freigegeben werden. Jedermann geläufig sind auch die meisten Taucherenten und natürlich die stattlichen Höckerschwäne, die erst in diesem Jahrhundert in so großer Zahl am Bodensee heimisch wurden. Schon seltener sind der Graureiher und der schwarze Kormoran. Die prächtige Kolbenente, die Rohrdommel, den großen Brachvogel, die Bekassine – um nur ein paar der interessantesten Brutvögel zu nennen – bekommen im allgemeinen nur sorgfältige Beobachter zu Gesicht. Am meisten zu sehen gibt es für Vogelfreunde, wenn im Herbst die Zugvögel aus dem Norden ihr Winterquartier am See beziehen oder auf dem Weg in den Süden – wie dann auch auf dem Rückweg im Frühling – Station machen.

Leben im Wasser

Der Vogelreichtum und die Bemühungen um seinen Schutz werden von niemand so kritisch beobachtet wie von den Berufsfischern, die Vögel als ihre unmittelbaren – nicht reglementierbaren – Konkurrenten betrachten. Wenn das archaische Handwerk heute auch nur noch von wenigen ausgeübt wird, so liegen die jährlichen Fänge doch weit über 2000 Tonnen; nicht nur ein wirtschaftlicher Faktor, sondern auch ein gastronomischer Aktivposten. Gerade unter diesem Gesichtspunkt spielen noch immer die zu den Salmoniden zählenden Blaufelchen mit über einem Drittel der Gesamtmenge eine wichtige Rolle. Da die gleichfalls auf den Speisekarten dominierenden Kretzer oder Egli, wie man den Barsch am Bodensee nennt, etwa ein Viertel der Fänge ausmachen und ein weiteres Viertel auf die nicht so wohlschmeckenden Brachsen oder Weißfische entfällt, ist klar, daß die Delikatessen des Sees, die Seeforellen, die Hechte, Aale, Schleien, Zander oder Trüschen nur in verhältnismäßig geringer Zahl gefangen werden.

Man hat die Probleme der Wasserqualität, mit denen sich nicht nur die Fischerei auseinanderzusetzen hat, treffend mit dem Wirtschaftswunder und der ungesunden Überernährung vieler Zeitgenossen verglichen. Jahrhundertelang haben die Bodenseefischer durch Zeitpunkt und Technik der Fänge die Fortpflanzung der Arten und damit den künftigen Fischbesatz sichern können. Das wird heute durch das explosionsartig vergrößerte Nährstoffangebot im See unterlaufen. Die Fische wachsen entweder so schnell, daß sie die Fanggröße vor der Laichreife erreichen, oder – und das trifft insbesondere auf die Edelfische zu – der mit Nähr-

stoffen übersättigte See bietet ihnen allgemein keine günstigen Lebensbedingungen mehr.
Das Wasser des Sees, dessen weite bewegte Fläche soviel Ruhe ausstrahlt, über das die Boote leicht dahingleiten, das uns beim sommerlichen Bad kühl umfängt, ist nicht einfach nur Wasser. Es ist der Lebensraum für Myriaden willenlos treibender Lebewesen, mikroskopisch kleiner Pflanzen und Tiere: das Plankton. Dazu gehören die Algen, die eine Grundfunktion organischen Lebens ausüben. Sie setzen die im Wasser gelösten Nährstoffe mit Hilfe der Lichtenergie der oberen Wasserschicht in organische Substanz um und bilden die Nahrung für die winzigen Tiere des Plankton, von denen wiederum die Fische leben. Je nährstoffreicher der See ist, je mehr organische Substanz produziert wird, um so schneller altert er, verliert er an Sauerstoffgehalt und an Trinkwasserqualität. Hier entscheidet sich das Schicksal des Bodensees.

Bilderläuterungen 1–16

1 *Der See als Brücke von Land zu Land: Seegfrörne 1963*
Ein Ereignis, das alle hundert Jahre bloß einmal eintritt, kommt am Bodensee mit einer alemannischen Bezeichnung aus. Am 7. Februar 1963 war das Außergewöhnliche Wirklichkeit: Der Bodensee war in seiner ganzen Länge und Breite zugefroren. Erst Anfang März zeichnete sich das Ende der Seegfrörne ab, und um den 20. März konnte der Schiffs- und Fährverkehr wiederaufgenommen werden. Bereits im November und Dezember 1962 war die Lufttemperatur um mehrere Grad unter dem langjährigen Durchschnitt gelegen. Ein relativ niedriger Wasserstand und besonders geringe Luftbewegung begünstigten die Eisbildung. Innerhalb weniger Tage konnte sich Ende Januar, Anfang Februar aus dem Eisfilm eine tragfähige Eisdecke bilden, die schließlich eine Dicke bis zu 25 Zentimeter erreichte, im flacheren Untersee sogar bis 80 Zentimeter. Der physikalische Sonderfall wurde für die Bevölkerung rund um den See ein Fest der Begegnung ohnegleichen. Zu Fuß, mit Schlittschuhen, Fahrrädern, Autos, allein, in Gruppen und Prozessionen überquerte man das Eis, es gab weder Grenzen noch Kontrollen. Unser Luftbild wurde am 28. Februar aufgenommen, gegen Ende einer Tauwetterperiode, die Mitte des Monats eingesetzt und zu größeren Eisaufbrüchen besonders im Obersee geführt hatte.

2 *Altenrhein: Naturschutzgebiet und Wassersportzentrum*
Das Mündungsgebiet des Alten Rheins nordwestlich von Rheineck, bis zum Jahr 1900 die einzige Mündung des Rheins in den Bodensee, erinnert kaum noch an den mächtigen Strom, der seinen Lauf zum See durch Geröllmassen und wechselnde Wasserführung selbst immer wieder in andere Bahnen lenkte. Die nach dem Durchstich des Rheins von St. Margarethen zur ehemaligen Mündung der Dornbirner Aach bei Fussach erkannte Aufgabe, das Rinnsal des Alten Rheins durch Kunstbauten an der Verlandung zu hindern, wird heute, entsprechend der jetzigen Einstellung zum Naturschutz, nur noch in begrenztem Umfang wahrgenommen. Nur die Fahrrinne nach Rheineck wird für Ausflugsschiffe freigehalten. Der Flußlauf bildet nicht nur die Grenze zwischen Österreich (links im Bild) und der Schweiz, er trennt auch das unberührte Naturschutzgebiet Rheinspitz vom Reservat Altenrhein auf Schweizer Seite, dessen Gefährdung durch die intensive Nutzung für Fremdenverkehr und Erholung auf dem Bild deutlich zu sehen ist. Die Unruhe, die mit solcher Nutzung verbunden ist, hat den gesamten Rheinspitz wie auch den östlich benachbarten Rohrspitz längst um die frühere Bedeutung als Vogelrast- und Brutplatz gebracht.

3 *Das Rheindelta zwischen Fussach und Hard: Ein Vogelparadies*
Um eineinhalb Kilometer hat der Rhein seine Mündung in den 80 Jahren weiter in den See vorgeschoben, seitdem man sein Bett geradenwegs an die Bucht zwischen dem Rohrspitz und Hard herangeführt hat (Fussacher Durchstich 1900). Die helle mineralische Farbe, vom Seewasser deutlich unterschieden, macht den »Rheinbrech« sichtbar, bei dem das kältere Wasser des Alpenflusses in die Tiefe stürzt, um sich in die temperaturgleichen Wasserschichten einzuordnen. Daß der Rhein nach der Regulierung, die auch die große Schleife bei Diepoldsau abschnitt, nun pro Jahr über drei Millionen Kubikmeter Geschiebe in den See befördert, würde auf lange Sicht die Bregenzer Bucht durch eine Landbrücke abtrennen. Ständige Baumaßnahmen sind also notwendig. Insbesondere soll die Mündung nach und nach so weiter kanalisiert werden, daß der Rhein in etwa 20 Jahren fünf Kilometer weiter westlich seine Geröll- und Schlammfracht in größere Seetiefen abladen kann. Diese Lasten sind der Preis dafür, daß sich das Tal des Alpenrheins nach einem Jahrtausend immer wiederkehrender Überschwemmungen, Vermurungen und Dammbrüche in eine blühende Landschaft verwandeln konnte. Die Naturschützer

wünschen sich allerdings, daß bei dieser Kanalisierung neuen Erkenntnissen Rechnung getragen und dem Rhein mehr Platz zwischen den Dämmen für einen wenigstens annähernd natürlichen Lauf gelassen wird. Nur so könnte das neue Rheindelta bleiben, wozu es sich in den vergangenen Jahrzehnten entwikkelt hat: der bevorzugte Rastplatz für Zugvögel besonders im Frühling, wenn sie dem Rheingraben nach Norden zum See folgen, und damit das wichtigste Vogelbeobachtungsgebiet.

4 *Fährschiffe zwischen Friedrichshafen und Romanshorn*
Die 14 Kilometer lange Nord-Süd-Verbindung, heute im Stundentakt als Autofähre betrieben, spiegelt ein Stück Geschichte der Technik und des Schiffsverkehrs auf dem Bodensee. Aus finanziellen Gründen war 1818 der vom badischen Großherzog geförderte Versuch des Züricher Ingenieurs Georg Bodmer gescheitert, von Konstanz aus ein Dampfschiff nach englischem Muster in Betrieb zu setzen. Erfolgreich war dagegen eine von dem amerikanischen Diplomaten Church und dem Stuttgarter Verleger Cotta angeregte Gesellschaft, vom württembergischen König Wilhelm I. tatkräftig unterstützt. In Friedrichshafen liefen 1824 die beiden ersten Dampfschiffe, eines im Auftrag des bayerischen Königs, vom Stapel und nahmen noch im gleichen Jahr regelmäßige Kurse zur Güterbeförderung sowie sonntägliche »Lustfahrten« auf. Seit 1855 verkehrten Dampfschiffe zwischen Friedrichshafen und Romanshorn, wo soeben die Eisenbahnstrecke nach Zürich eröffnet worden war. Wegen des anwachsenden Güterverkehrs auf der Bahn wurde 1869 ein 70 Meter langer Trajektdampfer zur Waggonverladung eingesetzt, der mit Hilfe von zwei Dampfmaschinen hausgroße Schaufelräder betätigte. Da der Kohleverbrauch immens war, ging man bald dazu über, die Güterwagen auf Trajektkähnen zu befördern, die an Fahrgastschiffe angehängt wurden. In diesem Jahrhundert wurde der Verkehr mit neuen Schiffen ausgebaut. Pro Jahr schwammen rund 40000 Güterwagen über den See. Trotzdem war der Eisenbahn-Trajektverkehr schließlich nicht mehr rentabel und wurde 1976 aufgegeben. Was sich bei all dem Wechsel nicht geändert hat, ist der großartige Blick auf die Schweizer Berge vom Hohen Kasten bis ins Berner Oberland. In Bildmitte ragt der Alpstein mit Säntis und Altmann empor.

5 *Wo der Strom den See verläßt: Stein am Rhein*
Die liebliche Landschaft am Austritt des Rheins aus dem Untersee ist uraltes Siedlungsland. Stromaufwärts von der heutigen Brücke führten die Römer im 3. Jahrhundert eine Straße von Eschenz (Tasgaetium) herüber, wobei sie die Inseln »im Werd« flußabwärts vom Eschenhorn nutzten. Auf der größten dieser Inseln (Bildmitte) steht seit 1496 eine Wallfahrtskapelle St. Otmar. Hier starb der Gründer und Abt der Benediktinerabtei St. Gallen 759 nach zehnjähriger Gefangenschaft. Auf die Bedeutung des Rheinübergangs verweist auch die Burg Hohenklingen (links im Bild), Sitz der Vögte hoch am steilen Abfall des Schiener Berges. Sie stammt aus dem 12. oder aus den Anfängen des 13. Jahrhunderts. Die Zähringer hatten die aus dem Thurgau stammenden Freiherrn von Klingen über das bereits im 11. Jahrhundert gegründete Kloster St. Georgen gesetzt, aus dessen Marktsiedlung dann die Stadt entstand. Im 15. Jahrhundert kam die Burg an die Stadt, ab 1529 war sie Sitz der Amtmänner der Stadt Zürich, die 1484 die Oberhoheit über die freie Reichsstadt angetreten hatte. Wegen seiner hohen Ringmauern gilt Hohenklingen als prachtvollste Burg im Bereich des Bodensees. Sie wurde im 19. Jahrhundert restauriert. Das heute zum Kanton Schaffhausen zählende Stein, nur drei Kilometer vom deutschen Höri-Dorf Öhningen entfernt, hat sein prächtiges mittelalterliches Stadtbild gut erhalten und ist mit den romanischen und gotischen Klostergebäuden ein besonderer touristischer Anziehungspunkt.

6 *Reichenau und Mettnau bei Niedrigwasser*
Der Wasserstand des Bodensees, abhängig vor allem von den Niederschlägen im Einzugsgebiet seiner Zuflüsse, läßt sich am Untersee nicht nur an den Ufern ablesen. Der Konstanzer Pegel zeigt im Februar/März durchschnittlich 2,80 Meter und steigt im Juni/Juli auf 4,50 Meter an, bei extremem Hochwasser wurden schon mehr als 6 Meter gemessen. Tritt jedoch Niedrigwasser ein, so erkennt man am Untersee, daß sich die von Gletschern geformte Vielgestaltigkeit der Bodenseelandschaft auch in der Tiefe fortsetzt. Zwischen dem Westende der Reichenau (im Bild links unten) und der Halbinsel Mettnau treten die zahlreichen Untiefen dann als Inseln hervor und ergeben so etwas wie die Brückenpfeiler einer Landverbin-

dung. Der Überlieferung nach gab es in früher Zeit dort Befestigungen und zwischen ihnen Straßen, weshalb man noch immer gelegentlich von der »Kaiserstraße« hinüber zum äußersten Horn der Mettnau spricht. Die Fischer nennen diese Untiefen Raine. Auf unserem Luftbild sind (von links nach rechts) zu sehen: der Bradlenrain vor dem Reichenauer Gänslihorn, der Stuhlrain vor dem Bürglehorn, halbwegs in Richtung Mettnau der Straßenrain und schließlich der Breite Stein. Im März 1972, bei einem Pegelstand von 2,37 Metern, gab die Reichenauer Bürgermusik auf dem Straßenrain ein Konzert.

7 *Mettnau, Traumlandschaft bei Radolfzell*
Immer noch gibt es auf dem östlichsten Teil der Halbinsel, die den Markelfinger Winkel vom Zeller See trennt, ein wenig Wald: Das könnte ihm einst den Namen Hagnau eingetragen haben, im Gegensatz zum mit Wiesen und Matten bestandenen Hauptteil der Halbinsel Mettnau. Das vor allem wegen seines Vogelreichtums bekannte Naturschutzgebiet, dessen südlich sich öffnender Bucht die gleichfalls geschützte Liebesinsel vorgelagert ist, bewahrt noch Ursprünglichkeit. Von Westen her ist längst Radolfzell auf die Landzunge vorgedrungen. Hier befinden sich neben Strandbad und Sportanlagen auch Kneippbad und Mettnau-Sanatorium. Joseph Victor von Scheffel, der Verfasser von »Ekkehard«, »Trompeter von Säckingen« und zahlreichen Studentenliedern, kaufte die Mettnau 1876 für 32000 Gulden und baute am Ufer des Zeller Sees sein Schlößchen.

8 *Das Wollmatinger Ried, ein Stück unberührter Natur*
Als Naturschutzgebiet »von besonderem europäischem Interesse« hat der Europarat 1968 das Wollmatinger Ried mit seinem Diplom ausgezeichnet: neben der Lüneburger Heide das einzige in der Bundesrepublik. Das 430 Hektar große Verlandungsgebiet reicht vom Rheinufer westlich Konstanz bis in den Gnadensee und endet bei Hegne. 1981 wurden die vorgelagerten Seeteile bis zur Ostspitze der Reichenau für jeden Wassersport gesperrt; dies vor allem der Vögel wegen, die das Ried als Rastplatz bei ihrem Durchzug aus Rußland und Skandinavien nach Süden bevorzugen. Es ist auch das größte Brutgebiet am Bodensee für gefährdete Vogelarten wie Kolbenente, Löffelente, Knäckente, Schwarzhalstaucher und Flußseeschwalbe. Der Deutsche Bund für Vogelschutz unterhält am Ostrand des Rieds ein Naturschutzzentrum. Um die Nester der Brutvögel vor dem Hochwasser zu schützen, wurden die beiden vorgelagerten Inseln Langenrain (links) und Kopf, die früher nur bei Niedrigwasser zu sehen waren, teilweise künstlich erhöht. Dies bedurfte besonderer Sorgfalt, um die Schnecklisande nicht zu gefährden. Sie bestehen aus erbsen- bis nußgroßen rundlichen oder flachen Kalkkrustationen, die sich bilden, wenn kalkabscheidende Algen winzige Schneckengehäuse als Kern für ihre konzentrischen Ablagerungen benutzen. Die Flora des Wollmatinger Rieds umfaßt neben den üblichen Sumpfpflanzen auch sogenannte Steppengewächse wie Sibirische Schwertlilie, Orchideen, Strandnelke, Küchenschelle, Heidesegge, Heidekraut, Mehlprimel, Färberginster. Der mit Pappeln bepflanzte Damm zur Insel Reichenau im Hintergrund des Bildes wurde um 1840 angelegt.

9 *Segelboote unter Spinnaker*
Mit seiner weiten Wasserfläche, der Vielfalt der umgebenden Landschaft und den unterschiedlichen Wind- und Wetterverhältnissen ist der Bodensee eines der beliebtesten Binnenreviere für den Segelsport. Die Yachten auf unserem Bild, Teilnehmer einer Regatta, laufen vor dem Wind und haben zur besseren Ausnutzung seiner Schubkraft Spinnaker gesetzt. Auf einem ähnlichen Prinzip beruhte auch die Technik der großen Frachtschiffe von einst, die noch während des 19. Jahrhunderts den größten Teil des Gütertransports über den See besorgten. Diese etwa 30 Meter langen Schiffe mit dem sachbezogenen Namen »Lädin« führten am Mast ein querschiffs stehendes Rahsegel.

10 *Fischreuse bei Immenstaad*
Aalreusen, wie diese hier am Immenstaader Ufer, sind die modernste Ausführung eines mehr als 8000 Jahre alten Fischereigeräts. Ursprünglich, daher kommt auch der Name, wurden sie aus Rohrgeflecht hergestellt, später verwendete man auch Holz für ortsfeste Reusen. Heute nimmt man Netze und Garn aus Nylon. Die landläufig Trappnetz genannte Fangvorrichtung wird bei etwa zwei Metern Wassertiefe so ausgelegt und verankert, daß das 50 bis 70 Meter lange Leitgarn von den Schwimmern an der Ober-

fläche gehalten wird, während das an ihm hängende Netz auf den Grund reicht. Im Bestreben, diesem Hindernis auszuweichen, wendet sich der parallel zum Ufer laufende Aal seewärts und gerät damit direkt in die Falle, in die ausgespannten Flügel der Reuse, die sich in einer Folge raffinierter Eingänge immer mehr verengen. Schließlich gibt es kein Entrinnen mehr. Der tägliche Fang läßt sich auf einfache Weise am Reusenende entnehmen. Die Reusen bleiben von April bis Oktober draußen.

11 *Fischerboot unterwegs*
Das Boot, das – von einem kräftigen Außenborder angetrieben – mit breiter Heckwelle über den windbewegten See dahinfährt, ist ein Fischerboot, das nur im Untersee zu Hause sein kann. Die wendigen kleinen 6-Meter-Boote, auf einer alteingesessenen Reichenauer Werft gebaut, genügen auf dem kleineren und weniger tiefen See westlich Konstanz mit seinem entsprechend geringeren Wellengang bei der täglichen Arbeit. Im Obersee, wo die Wellen bei harten Windstärken zwei und drei Meter hoch werden können, wird Sicherheit nur von mindestens neun Meter langen Booten gewährleistet. Eine Ausnahme bilden im Windschatten liegende Teile des Schweizer Ufers. Aber mancher Fischer hat es schon mit dem Leben bezahlt, wenn er sich von dort auf die Höhe des Obersees wagte und sein kleines Boot einem Sturm nicht gewachsen war.

12 *Insel Mainau zur Zeit der Dahlienblüte*
Die Klimagunst der nach Westen durch die Höhen des Bodanrücks geschützten Insel kommt schon in ihrem aus dem frühen Mittelalter stammenden Namen zum Ausdruck. Seit 1272 im Besitz des Deutschen Ritterordens, der sie Mitte des 18. Jahrhunderts durch den älteren Bagnato mit Barockschloß und Kirche schmücken ließ, kam sie 1806 an das Großherzogtum Baden. Friedrich I. legte nach 1853 den heutigen Park mit Bäumen aus aller Welt und den Rosengarten auf der Südseite des Schlosses an. Graf Lennart Bernadotte erbte die Insel 1932. Heute ist die 44 Hektar große Mainau mit zwei Millionen Besuchern pro Jahr einer der berühmtesten öffentlichen Gärten der Welt. Die Dahlienschau mit 20000 Pflanzen im südlichen Ufergarten, die unser herbstliches Bild belebt, ist der Ausklang des Blütenjahres, das von den Mainaugärtnern ausdrücklich als lockendes Spektakel für das Publikum geplant wird. Das beginnt im Frühling, wenn eine Million Blumenzwiebeln ihre Farbenpracht entfalten, setzt sich fort mit der Rhododendronblüte in 280 Sorten, mit 30000 blühenden Rosenstöcken und 400000 Sommerblumen. Um das Schloß kann man Palmen, Bananen, Zitronen, Orangen und andere Exoten bewundern, die über Winter sorglich überdacht werden. Die im Luftbild deutlich erkennbare Flachwasserzone um die Insel ist nur dünn mit Blaualgenbiotopen besiedelt. Die grüne Färbung des nährstoffreichen Bodenseewassers läßt den Sand der »Wysse« auch an so sauberen Stränden nicht mehr weiß erscheinen.

13 *In der Gunst des Seeklimas: Insel Reichenau*
Es hatte seinen Grund, daß die Mönche des 8. Jahrhunderts ihrer Insel im Untersee den Namen »augia dives – reiche Au« gaben. Das Seeklima mit nur etwa 760 Millimeter Niederschlag und einer mittleren Jahrestemperatur von 8,8 Grad hat den Landbau von jeher begünstigt. Und daß der spätere Abt Walahfrid, 18jährig und gerade zwei Jahre Mönch im Kloster Reichenau, 827 seine Gedichtsammlung »Hortulus« über die Gewächse des Kräutergärtleins schrieb, unterstreicht die Freude an den günstigen Wachstumsbedingungen auf der Insel. Als Gemüseinsel kann die 430 Hektar große Reichenau erst seit einem halben Jahrhundert gelten, nachdem der traditionelle Weinbau infolge starker Ausfälle während des kalten Winters 1928/29 keine zuverlässige Einnahmequelle mehr war. Für die Umstellung auf den Gemüsebau sprach auch die Möglichkeit, zwei bis drei Ernten jedes Jahr einzubringen. Weinbau gibt es heute nur noch auf etwa sieben Hektar, die im Zuge der Flurbereinigung in den siebziger Jahren auf den Hanglagen an der Südseite der Insel zusammengefaßt wurden. 250 Hektar, das sind fast zwei Drittel der Gesamtfläche, dienen heute dem Gemüsebau in 252 gärtnerischen Betrieben: Ein Hektar Anbaufläche im Durchschnitt, da braucht es den vollen Einsatz von Arbeit, gärtnerischer Erfahrung und technischen Hilfsmitteln, denn die europäische Konkurrenz ist groß. Frühgemüse bilden den Schwerpunkt unter Glas und vor allem im Freiland: Rettiche und Radieschen, Kopfsalat, Gurken, Kohlrabi, Spinat, später Tomaten, Bohnen, Kohl, Sellerie, Lauch, Garten-

kräuter und manches andere. Die Verbraucher in Baden-Württemberg und Bayern beziehen so im Jahr rund 17000 Tonnen Gemüse von der kleinen Insel im Bodensee.

14 *Obstbauversuchsstation in Bavendorf bei Ravensburg*
Mit rund 8000 Hektar Intensivobstbau steht die Obstregion am Nordufer des Bodensees heute an erster Stelle unter den Apfelanbaugebieten in Baden-Württemberg und an zweiter in der Bundesrepublik. Pro Jahr kommen im Durchschnitt rund 200000 Tonnen Obst von hier an den Verbraucher: als Tafelware, als Getränk oder in anderen Verarbeitungsformen. Seit 1959 unterhält die Universität Hohenheim in Bavendorf südwestlich Ravensburg eine Versuchs- und Forschungsstation für Fragen, die den Obstbau der Region betreffen. Es geht dabei neben dem Apfel um Birnen, Süß- und Sauerkirschen, Pflaumen, Zwetschgen und Beerenobst. Die 26 Hektar Versuchsanlagen dienen u. a. der Beobachtung der zur Zeit am Bodensee bevorzugten Sorten Golden Delicious, Boskoop, Cox Orange, Gravensteiner und Glockenapfel, der erst jüngst verbreiteten Jonagold, Gloster und Idared sowie der Prüfung neuer Sorten auf ihre Eignung für die Region und ihren Markt. Die Versuchsstation befaßt sich im einzelnen mit speziellen Fragen wie Anbau und Pflege, Düngung, Pflanzenschutz, Verhalten der Früchte während der Lagerung. Die Zusammenarbeit mit den Obstgroßmärkten der Region ist eng. Europäische Bedeutung hat die in Bavendorf entwickelte Methode zur frühzeitigen Ernteschätzung, die sich ausgleichend auf die Entwicklung der Preise und die Steuerung des Absatzes auswirkt. Ein bedeutendes Obstbaugebiet breitet sich auch am Südufer des Bodensees aus. Der Anbau im Thurgau umfaßt rund 1400 Hektar und stellt nach dem Wallis das wichtigste Anbaugebiet der Schweiz dar.

15 *Uferlandschaft bei Kirchberg*
Vieles vom Begriff Bodensee faßt dieses Ufer zusammen: Weinbau und Obstbau, Wassersport, Romantik der Vergangenheit und höchst rationale Gegenwart und vor allem die scheinbar unendlich sich fortsetzende Längsausdehnung des Sees. Zwischen südlich gerichteten Rebhängen und landeinwärts sich dehnenden Obstanlagen liegt Schloß Kirchberg. Der Salemische Gutshof aus dem 16. Jahrhundert, der seiner ursprünglichen Funktion immer noch dient, beherbergt zugleich ein renommiertes Gasthaus und einen auf Planung spezialisierten Zweig des benachbarten Luft- und Raumfahrtunternehmens Dornier. Der Yachthafen, durch Wald zum Land hin abgeschirmt, fügt sich mit seiner Mole in den natürlichen Rhythmus von Buchten und Landzungen. Das Weindorf Hagnau schließt sich an, wo der Pfarrer und badische Volksschriftsteller Hansjakob 1881 die erste Winzergenossenschaft gründete. Im Hintergrund erkennt man Stetten und Meersburg, und darüber geht der Blick hinein in den Überlinger See. Links hinten, dem Bodanrück vorgelagert, ist die Insel Mainau zu sehen.

16 *Der Rheinfall bei Schaffhausen*
Südlich Schaffhausen, zwischen Neuhausen und dem mittelalterlichen Schloß Laufen, verläßt der Rhein endgültig die Bodenseelandschaft. Auf einer Breite von 150 Metern stürzt er sich 21 Meter tief über einen Abhang im Jurakalk hinunter: Mitteleuropas größter Wasserfall mit einer sommerlichen Abflußmenge von 700 Kubikmetern pro Sekunde. Das Boot im Vordergrund des Bildes ist auf dem Weg vom Wasserschloß Wörth zu dem großen Kalkfelsen mitten im Wasserfall, einem beliebten Touristenziel.

1 Der See als Brücke von Land zu Land: Seegfrörne 1963

2 *Altenrhein: Naturschutzgebiet und Wassersportzentrum*

3 *Das Rheindelta zwischen Fussach und Hard: Ein Vogelparadies*

4 Fährschiffe zwischen Friedrichshafen und Romanshorn

5 *Wo der Strom den See verläßt: Stein am Rhein*

6 Reichenau und Mettnau bei Niedrigwasser

7 *Mettnau, Traumlandschaft bei Radolfzell*

8 Das Wollmatinger Ried, ein Stück unberührter Natur

9 *Segelboote unter Spinnaker*

10 Fischreuse bei Immenstaad

11 Fischerboot unterwegs

12 Insel Mainau zur Zeit der Dahlienblüte

13 In der Gunst des Seeklimas: Insel Reichenau

14 Obstbauversuchsstation in Bavendorf bei Ravensburg

15 *Uferlandschaft bei Kirchberg*

16 Der Rheinfall bei Schaffhausen

Die Landschaft

Bodenseelandschaft: ein Wort voller Bilder und voller Widersprüche. Mag auch »seine« Bodenseelandschaft als Heimat über alles setzen, wer irgendwo rund um das große Wasser geboren ist oder im Lauf des Lebens hier Wurzeln geschlagen hat, so bleibt es doch eine Tatsache, daß der deutsche Süden zugleich der Schweizer Norden ist. Wenn von Sonne, Baden und Wassersport, von mildem Klima und reicher Vegetation die Rede ist, denken die Deutschen an den Bodensee, während die Gedanken der Schweizer und Österreicher weiter südwärts wandern. Was das deutsche Ufer landschaftlich so unvergleichlich macht, liegt zu einem guten Teil in der Schweiz und in Österreich: die Alpen und ihre grünen Vorgebirge. Und wären am Nordufer nicht die breiten Flußniederungen, eingebettet in das regellose Spiel der vielen Drumlins, die sich für den Blick aus der Ferne zu einem schmalen Band zusammenschieben, so hätte die Bodenseelandschaft, von der Schweiz her betrachtet, nicht den eher flachen, wie in einer großen Ebene sich verlierenden Charakter.

Die weite Fläche des Sees gibt der Landschaft die große Distanz. Nicht nur unmittelbar am Ufer, mehr noch im Hinterland bietet sich dem Auge eine weite Perspektive. Schon geringe Erhebungen erweisen sich als Aussichtspunkte mit grandiosem Rundblick. Darin liegt eine Besonderheit dieser Landschaft, in der doch in Wirklichkeit Hügel und Berge, Täler und Senken dominieren, Elemente also, die den Blick sonst eher begrenzen.

Von den Alpen ins Hügelland

Mit der Größe des Sees und vor allem mit seiner Längenausdehnung von Südost nach Nordwest hängt es auch zusammen, daß er Landschaften von höchst unterschiedlicher Eigenart miteinander verbindet. Ist er in seinem südöstlichen Teil ein Alpensee mit steil ansteigenden Höhen und großartiger Felskulisse, so berührt er mit dem Überlinger See ein Bergland, das fast an die Dimension eines Mittelgebirges heranreicht, und zum Untersee hin verliert er sich in die sanfte Idylle einer anmutigen Hügelwelt.

Im Laufe einer mehr als tausendjährigen Geschichte haben sich für einzelne Gegenden rund um den See Namen herausgebildet, von denen einige noch an die frühmittelalterliche Grafschaftsverfassung erinnern – Linzgau, Hegau, Thurgau – und mit denen wir heute die Vorstellung eines besonderen Landschaftscharakters verbinden. Das gilt zum Beispiel für das Allgäu, das bei Lindau an den See heranreicht und sich nach Süden im Land »vor dem Arlberg« fortsetzt. Der Pfänder, die große Aussichtsterrasse über der Bregenzer Bucht, ist beiden zuzurechnen. Hier wie dort finden wir eine Mittelgebirgslandschaft mit viel Wiesen und Weideland, mit ausgedehnten Nadelwäldern, zahllosen Wasserläufen, mit Bergdörfern und Almen. Es sind bevorzugte Ferien- und Wandergebiete, längst großzügig für den Skilauf auf Piste wie Loipe erschlossen. Wenn auch durch den breiten Graben des Alpenrheintals von ihnen getrennt, zeigt das Appenzeller Land zwischen Alpstein und Bodensee den gleichen Landschaftscharakter. Nur: So übersät mit Almen wie dieses ist kein Bergland weit und breit. Die Sage erzählt, der Riese Säntis habe einen Sack voller Häuser mit sich vom See auf den Berg tragen wollen und eines nach dem anderen unterwegs verloren.

Eine Berglandschaft von ganz anderem Rhythmus ist der Linzgau, der von der Schussenniederung nach Westen das Nordufer begleitet. Die kleinräumige Welt der Drumlins kennzeichnet ihn vom See landeinwärts. Mit steil aufsteigenden Molassefelsen tritt er an den Überlinger See heran. Großangelegte Höhenzüge begleiten das Salemer Tal und das schmaler eingeschnittene Deggenhauser Tal. Aber das Erdalter hat ihre Rücken gerundet. Hat man den Heiligen-

berg, den Gehrenberg oder den Höchsten erklommen, dann steht man am Rand des oberschwäbischen Hügellandes, dessen flachere Formation den Ackerbau begünstigt. Hier beginnt auch das Moor, beginnen die kleinen, idyllischen Seen, die wie ein glitzerndes Band den Süden Oberschwabens von Ost nach West durchziehen.
Vulkanischen Ursprungs sind die Hegauberge. Steil, oft mit merkwürdig geradlinigen Flanken, heben sie sich aus dem weiträumigen, flachgewellten Umland empor: Reste riesiger Krater. Während Jahrmillionen schleuderten sie Material aus dem Erdinneren empor, dessen Spuren noch auf dem Pfänder am entgegengesetzten Ende des Sees gefunden wurden. Die Gletscher der Eiszeit überzogen auch den Hegau und fügten mit ihrer gewaltigen Geschiebefracht dem Bild der Landschaft die sanften Linien der Drumlins hinzu.

Die Welt der Drumlins

Die aus alpinem Grundmoränenschutt, vor allem aus dem heute so begehrten Kies bestehenden Hügel, die wir mit dem keltischen Wort Drumlin bezeichnen, haben keinen Teil der Bodenseelandschaft so eigenwillig geprägt wie den südöstlichsten Zipfel Oberschwabens zwischen Ravensburg und Lindau. Der historische Name dieser Landschaft – Argengau – ist verlorengegangen, aber die Argen durchfließt sie noch immer in tief eingeschnittenen, weit ausgreifenden Mäandern, und sie ist immer noch ein wilder Fluß, mit dem die Kajakfahrer gern ihre Kräfte messen. Wie fast alle größeren Zuflüsse zum See hat man im vorigen Jahrhundert auch die Argen in ihrem Unterlauf in das Korsett schnurgerader Dämme gepreßt, um Äcker und Wiesen vor Überschwemmungen zu schützen. Dabei ist ganz unversehens eine Landschaft von besonderer Eigenart entstanden, wie sie sich sonst am Bodensee nirgends findet. Der gerade Flußlauf durch die weite Mündungsebene ist längst von Auwald umgeben, und an klaren Tagen taucht jenseits der Mündung, über Weiden und Erlen, schemenhaft der Doppelgipfel des Säntis auf.
Während hier der Eingriff des Menschen die naturgegebenen einfachen Linien der Landschaft unterstreicht, ist im gegenüberliegenden Mündungsbereich des Alpenrheins in den letzten hundert Jahren eine gänzliche Verwandlung eingetreten. Nach der endgültigen Bändigung des Stroms, der seit Menschengedenken die Siedlungen in die sicheren Zonen am Fuß der Berge gedrängt hatte, wuchsen nun die Dörfer und Städte ungehindert in die Ebene hinein. Sie nehmen sie heute derart in Anspruch, als sei freie Landschaft ein Begriff, der sich erst dort wieder anwenden läßt, wo bei St. Margarethen und Rheineck, bei Schwarzach und Dornbirn die Wege wieder hinauf in die Berge führen.
Die großen Ausmaße des Tals, das den Rhein von Süden her zum Bodensee führt, scheinen auch den Obersee noch zu bestimmen, die romantische Bezeichnung Schwäbisches Meer hat da ihren Bezug. Wenn Dunst über dem See liegt, wenn die Nebel tief hängen, reicht das Land wie ins Nichts. Aber auch bei guter Sicht rückt die weite Wasserfläche das jenseitige Ufer in gemessene Entfernung.
Ganz anders ist es am Untersee. Hier ist alles nah, ohne eng zu sein, versteckt und überschaubar zugleich. Unmerklich, in sanften Stufen bauen sich die begrenzenden Höhen auf: der Bodanrück im Norden, der Seerücken im Süden und zwischen ihnen, emporsteigend aus dem freundlichen Gartenland der Höri, der Schiener Berg. Die Insel Reichenau schlägt für das Auge die Brücke und trennt den stillen Gnadensee vom kräftig strömenden Untersee. Und auch die Halbinsel Mettnau vor Radolfzell gliedert und grenzt ein und macht aus dem Zeller See eine kleine, von Weiden und Pappeln umsäumte, unverwechselbare Welt.

Eingriffe des Menschen

Dort mündet die Aach – eine von den unzähligen Aachen oder Achen der Bodenseelandschaft, deren Namen wie das lateinische »aqua« auf die gleiche uralte Wurzel zurückgehen. Nicht nur am See begegnet uns das Wasser. Das umgebende Land ist reich an Bachläufen, an schmalen Flüssen, die sich gemächlich durch Wiesenland schlängeln oder sich in wilde Tobel eingegraben haben. Zahllos sind auch Weiher und Seen, viele eiszeitlichen Ursprungs, manche freilich auch im Laufe der Jahrhunderte unter kluger Ausnutzung der natürlichen Bedingungen von Menschen angelegt. Sie sind Beispiel für eine Tatsache, die der Anblick einer harmonischen Landschaft so oft vergessen macht: daß nämlich Natur und Kultur in gleicher Weise zu ihrer Gestaltung beigetragen haben.
Die noch immer unerschöpfte Fähigkeit der Natur, Wunden zu schließen und alle Veränderungen schnell mit Leben zu überwuchern wie mit dem sprichwörtlichen Gras, lenkt ab von den jähen Eingriffen des Menschen wie von ihrer Kurzlebigkeit und ihrem raschen Wandel. In jüngster Zeit hat der Obstbau, die heute wichtigste landwirtschaftliche Sonderkultur zumindest am Nordufer, das anschaulich gemacht.

Wo man etwa seit der Jahrhundertwende Äpfel und Birnen auf hohen Stämmen mit großen Kronen ins Weideland gesetzt hatte, um dem Boden einen doppelten Ertrag abzugewinnen, haben in nicht einmal zwei Jahrzehnten großflächige, dicht bepflanzte Plantagen mit niedrigen Bäumen der Landschaft ein völlig neues Element hinzugefügt.
Aber als Erwerbsquelle war auch der Obstbau vor hundert Jahren Nachfolger. Seit dem Mittelalter war es der Weinbau gewesen, der den Hängen nicht nur unmittelbar am See das Gesicht gab. Und denkt man an das Grün, das heute als unverzichtbares Attribut für das Allgäu gilt, so sprach man noch bis in die Mitte des vorigen Jahrhunderts ebenso selbstverständlich vom Blau. Man meinte damit die Farbe der Flachsblüte, die jedes Jahr im Frühsommer das Landschaftsbild im Hügelland rund um den See bestimmte.

Erdgeschichtlich nur ein Zwischenstadium

Daß der Wandel das einzig Beständige ist, das gilt auch für die erdgeschichtliche Entstehung der Bodenseelandschaft; nur eben in Zeiträumen, die für unser Vorstellungsvermögen noch schwerer zu erfassen sind. Als Hinterlassenschaft der Gletscher gehört der Bodensee der Erdneuzeit an. Er bezeichnet für die Geologen nur ein kurzlebiges Zwischenstadium. Seine heutige Fläche macht noch etwa die Hälfte seiner Ausdehnung von vor 15000 Jahren aus. Sich selbst überlassen, würden die Zuflüsse, an erster Stelle der Rhein, das heutige Seebecken in etwa 20000 Jahren aufgefüllt haben. Nur ein paar hundert Jahre würde es dauern, bis der Rhein mit seiner jährlichen Geschiebemenge von mehr als drei Millionen Kubikmetern sein Delta bis zur Insel Lindau vorgeschoben und die Bregenzer Bucht vom übrigen See abgetrennt hätte.
Die ältesten geologischen Formationen rund um den See sind vor 350 Millionen Jahren entstanden. Entscheidende Veränderungen in der großräumigen Landschaftsgestaltung ereigneten sich im Tertiär, dem frühesten Abschnitt der Erdneuzeit, das vor 65 Millionen Jahren begann. Die Frage, wie die 70 Kilometer lange Senke des Bodensees entstanden ist und in welchem Ausmaß Verwerfungen und Grabenbrüche, tektonische Vorgänge also, an ihr beteiligt waren, wird von der Wissenschaft nicht eindeutig beantwortet. Sicher ist, daß in 30 Millionen Jahren während des Tertiärs durch die Arbeit fließenden Wassers jenes Gesteinsmaterial verfrachtet und abgelagert wurde, das sich als Molasse in einiger Mächtigkeit auf der Schwäbischen Hochebene und im Schweizerischen Mittelland findet und bestimmend wurde für die Gestaltung des Bodenseeraumes.
Entscheidend für unser Landschaftsbild war die letzte Phase der Alpenfaltung, die vor sieben Millionen Jahren begann. Damals formierten sich die uns vertrauten alpinen Randketten mit dem Alpstein und dem Säntismassiv. Die Gewalt dieser Vorgänge erfaßte auch die Molasse, preßte sie im Untergrund zusammen und warf sie im nordwestlichen Vorfeld der Alpen wie in Falten auf.
Dort war in früheren erdgeschichtlichen Epochen zweimal ein Meer – vom Mittelmeer aus die Alpen nördlich umfassend – quer durch Mitteleuropa bis in den Raum des Schwarzen Meeres vorgestoßen. Als es sich vor etwa 15 Millionen Jahren endgültig zurückzog, waren im Westen des Bodenseegebiets bereits Vulkane aus dem Erdinneren aufgebrochen. Ihre Tätigkeit dauerte etwa zehn Millionen Jahre an. Wohl erst gegen Ende des Tertiärs, also vor vier oder fünf Millionen Jahren, entstand der Einbruch des vorderen Alpenrheintales, das später den Gletschern den Weg nach Norden vorgezeichnet hat.
Die Eiszeiten, von denen die Bodenseelandschaft so nachdrücklich geprägt wurde, dauerten einschließlich der dazwischenliegenden Wärmeperioden nur etwa 250000 Jahre. An ihrem Beginn muß es eine Vorform des Bodensees schon gegeben haben. Die Kräfte der Erosion hatten gewisse Grundzüge des heutigen Bildes in die Molasse geschürft und ein Netz von Tälern und Senken geschaffen, das den Fluß des Eises und die Ablagerung der Moränen beeinflußte.

Die Arbeit des Eises

Die Gletscher griffen gewaltig ins Gelände ein, schoben weg, formten um, räumten aus und brachten neue Gesteinsmassen aus den Gebirgen. Die größte Ausdehnung erreichte der Gletscher der vorletzten, der sogenannten Rißeiszeit. Er bedeckte ganz Oberschwaben, den Thurgau und den Hegau und schob seine Endmoränen nach Norden streckenweise bis über die Donau vor. Die gesichertsten Kenntnisse hat man über die letzte, die Würmeiszeit. Mit ihren nördlichen Endmoränen verbaute sie im mittleren Oberschwaben den Rückfluß von Schmelzwässern des Rißgletschers nach Süden und schuf so den ausgedehnten Gürtel von Mooren und Seen.
Vom Umfang der Gletscherarbeit gibt uns auch die Masse des Eises eine Vorstellung. Der Würmgletscher trat mit einer Mächtigkeit von 900 bis 1000 Metern aus den Alpen

hervor und überzog sogar den Pfänder. Mit 60 bis 80 Atmosphären Druck schob sich diese Eismasse über den Untergrund. Durch die erheblichen Temperaturunterschiede zwischen Oberfläche und Basis traten zusätzliche Spannungen auf. Die wie fließende Bewegung der Drumlinlandschaft macht diese gewaltigen Kräfte noch heute anschaulich.

In den Wärmezeiten zwischen den Glazialen formte das Schmelzwasser auf dem Weg zu den Meeren die Landschaft. Der Rhein, ursprünglich dem Einzugsgebiet der Donau zugehörig, wurde erst in der langen, der Rißeiszeit vorausgehenden Wärmeperiode in das der Nordsee zustrebende Flußsystem einbezogen. Am Ende der letzten Eiszeit, als sich der Gletscher langsam nach Südosten zurückzog und Oberschwaben und die westlichen Teile des Sees freigab, entsprang der Rhein eine Zeitlang am Heiligenberg und später am Höchsten. Von dort nahm er durch die westlichen Teile des Salemer beziehungsweise des Deggenhauser Tals seinen Weg nach Südwesten.

Der Kampf zwischen Donau und Rhein ist noch nicht zum Abschluß gekommen. Immer mehr Donauwasser versickert von Jahr zu Jahr im Jurakalk bei Immendingen. Nach einem zwölf Kilometer langen unterirdischen Weg sammelt es sich im 180 Meter tiefer gelegenen Aachtopf, um sich der Radolfzeller Aach und damit dem Bodensee und dem Rhein anzuschließen.

Bilderläuterungen 17–36

17 *Landschaft am Ende des Überlinger Sees*
Tief eingeschnitten zwischen Höhenzügen, die zu beiden Seiten mehr als 300 Meter über den Seespiegel führen, unterscheidet sich der Überlinger See gänzlich von den anderen Seeteilen. Ein wenig ist er wohl auch schon dem Hegau zuzurechnen, dessen Berge im Hintergrund des Bildes über dem Dunst des Industrieraumes Radolfzell/Singen sichtbar werden. Das Dorf Sipplingen im Vordergrund hatte schon im Mittelalter durch Fischfang und Weinbau Bedeutung. Um seinen historischen Kern mit Kunst- und Baudenkmälern von der Frühgotik bis ins Barock sind neue Wohnsiedlungen und Einrichtungen für den Fremdenverkehr gewachsen. Seit 1958 ist der Name Sipplingen mit der Bodenseewasserversorgung und ihren Aufbereitungsanlagen auf dem waldreichen Sipplinger Berg (707 m) verbunden. Weiter westlich am Ufer sieht man Ludwigshafen, das heute mit dem gegenüberliegenden Bodman eine Gemeinde bildet.

18 *Blick über Sipplingen zum Bodanrück*
Nur etwa zwei Kilometer breit ist der Überlinger See. Die Stille über seiner smaragdgrünen Fläche wird nicht einmal von den vielen Segelbooten an sommerlichen Wochenenden wirklich gestört. Der Begriff eines Fjords, den man mit diesem nordwestlichen Teil des Bodensees verbindet, ist wohl auch dadurch entstanden, daß – besonders an der Südseite – die umgebenden Höhen fast ohne einen vermittelnden Uferstreifen direkt in die steile, da und dort fast senkrecht abfallende Halde übergehen, die bis 150 Meter in die Tiefe reicht. Die Waldhänge des Bodanrücks, die sich gegenüber von Sipplingen zwischen Bodman und Wallhausen in unberührter Schönheit hinziehen, sind ein unvergleichliches Wandergebiet (Marienschlucht). Nahe dem Teufelstal (linkes Bilddrittel) ragt, nur fünfzig Meter vom Ufer entfernt, ein Felsturm aus der Tiefe, der bei Niedrigwasser sichtbar wird. In seinem Namen Teufelstisch drückt sich etwas aus von der unheimlichen Anziehungskraft dieser Tiefenregion des Sees, die schon manchen Taucher das Leben kostete. – Im Bildhintergrund liegt im Dunst der Bodanrück mit Liggeringen und dem Hohen Gemmingen.

19 *Uferlandschaft zwischen Überlingen und Ludwigshafen*
Bahn und Straße folgen nordwestlich Überlingen dem Ufer: eine der malerischsten Strecken am See. Entlang den hundert Meter hohen Steilwänden der Heidenhöhlen mußte diese Trasse künstlich angelegt werden. Bei Süßenmühle und Hödingen (im Bild unten) tritt die steile Geländekante jedoch vom Ufer zurück, verläuft als Waldhang weiter landeinwärts, um erst beim Haldenhof, der wegen seiner herrlichen Aussicht berühmt ist, wieder den See zu erreichen. Sie begrenzt auf diese Weise eine geologische Besonderheit, das Sipplinger Dreieck, eine kleinräumige Landschaft mit einzelnen schmalen Bergrücken parallel zum Ufer. In der oberen Bildhälfte sieht man am Nordwestende des Überlinger Sees Ludwigshafen. Bis zum Bau von Hafenanlagen unter Großherzog Ludwig 1826 hieß es Sernatingen, wobei wohl das württembergische Friedrichshafen insgeheim Pate stand. Dahinter, schon vom See abgerückt, liegt Stockach, bekannt u. a. durch sein 1351 privilegiertes »grobgünstiges« Narrengericht.

20 *Heiligenberg, Höchsten und das Salemer Tal*
Die drei höchsten Erhebungen des Linzgaus, jede für sich ein Aussichtspunkt mit weitem Blick übers Land und den See bis zu den Alpen, sind im bunten Vielerlei der oberschwäbischen Landschaft nicht leicht auszumachen. Den breit hingelagerten Höhen fehlt der Gipfelcharakter. Alle überragt mit 837 Metern der Höchsten, links im Bild an dem rotweißen Sendemasten erkennbar. Vom rechten Bildrand her, vor der dunstigen Ebene im Mündungsgebiet von Rotach und Schussen, ziehen sich die nördlichen Ausläufer des Gehrenbergs (754 m) herein, den Vordergrund bis zur Bildmitte beherrscht der langgezogene Rücken des Heiligenbergs (726 m). Sein steiler

Abfall nach Süden trennt die vielgestaltige Drumlinlandschaft des Salemer Tals von der weiten, vom Ackerbau geprägten Hochfläche des oberen Linzgaus. Der Name Heiligenberg steht nicht nur für den Sitz der mittelalterlichen Linzgaugrafen und das stolze Renaissanceschloß der Fürstenberger, nicht nur für einen schon vor hundert Jahren berühmten Luftkurort, der sich ein wenig altväterisches Flair bewahren konnte. Das Bild zeigt auch deutlich, wie neue Siedlungen ihr Netz immer dichter über den Südhang ziehen und das Wesen der einmal so mächtigen Talflanke verändern. Der Bildhintergrund zeigt die weitläufige Moränenlandschaft mit Wäldern und Hügeln, gekrönt vom Blick auf die verschneite Alpenkette mit dem Zugspitzmassiv. Unübersehbar ist auch der Dunstschleier über dem vom linken Bildrand her zum Bodensee ziehenden Schussental, wo Weingarten und Ravensburg einen großen zusammenhängenden Industrie- und Siedlungsraum bilden.

21 *Seenlandschaft bei Illmensee*
Die liebliche Landschaft der drei Seen in rund 700 Metern Höhe ist eiszeitlichen Ursprungs. Sie sind aufgereiht am Andelsbach, der am Nordhang des Höchsten entspringt. Der oberste und größte (72 ha) ist der Illmensee, nordwestlich (Bildmitte rechts) folgen der Ruschweiler See und der kleine, einsame Volzer See. Der Fischreichtum insbesondere des Illmensees, in den sich schon im Mittelalter die Grafen von Heiligenberg und das Kloster Salem teilten, ist heute nur einer der Anziehungspunkte dieses Erholungsgebiets, dessen Beliebtheit infolge der Schnellstraßen aus den Ballungszentren sprunghaft angestiegen ist.

22 *Blick vom Gehrenberg über das Deggenhauser Tal*
Nach Süden offen, tief eingeschnitten zwischen dem Heiligenberg im Westen und dem Höchsten im Osten, war das Tal der Deggenhauser Aach (Bildmitte) schon in vorgeschichtlicher Zeit besiedelt. In naher Nachbarschaft zu den Industriezentren Ravensburg und Friedrichshafen, Markdorf und Pfullendorf hat es sich noch einen Hauch von ländlicher Abgeschiedenheit und viel dörfliches Selbstbewußtsein bewahrt. Der waldreiche Gehrenberg im Vordergrund des Bildes, Markdorfer Hausberg und beherrschende Höhe über dem Tal von Schussen und Rotach, stellt – wie unser Bild anschaulich macht – zugleich die Verbindung her zum Salemer Tal (im Bild links) und zur oberschwäbischen Riedlandschaft um Pfrungen (rechts).

23 *Im Naturschutzgebiet an der Seefelder Aach*
Wie in idyllischer Abgeschiedenheit liegt Seefelden in der Uferlandschaft nördlich Unteruhldingen. In reizvollen Mäandern, von Silberweiden umgeben, durchzieht die Aach, in der die vielen Wasserläufe des Linzgaus sich vereinen, ihr Mündungsgebiet. Das 25 Hektar umfassende Flachmoor der natürlichen Verlandungszone hat eine breite, angeschwemmte Uferbank und ausgedehnte Schilfbestände. Wegen der Laichplätze in Ufernähe, wegen des Reichtums an seltenen Insektenarten, vor allem aber als Brutplatz für Sumpf- und Wasservögel wurde die Aachmündung unter Naturschutz gestellt. Gerade diese Bedeutung für Vögel hat das Gebiet inzwischen verloren, denn es ist zu klein, um sich gegen die schädlichen Einflüsse der Umgebung, unter anderem des Straßenverkehrs, abzuschirmen. Uralt ist die Tradition der kleinen Pfarrkirche St. Martin, deren romanischer Turm in den unteren Geschossen wohl schon im 10. oder 11. Jahrhundert errichtet wurde. Zum Bildhintergrund hin breiten sich die Rebhänge, auf denen der »Birnauer« wächst.

24 *Torfseen am Rand des Pfrunger Rieds bei Wilhelmsdorf*
Das Dorf Pfrungen, nördlich von Illmensee und Höchsten gelegen, von dem das 2800 Hektar umfassende Hochmoor seinen Namen hat, ist im Bild nicht zu sehen, es liegt weiter südwestlich. Die Seen im Vordergrund, um den Riedhof gruppiert, sind Teil einer wesentlich größeren, durch Torfstich entstandenen Seenplatte, die nach und nach wieder verlandet. Links unten geht das Moor in den vom Torfabbau fast unberührt gebliebenen Großen Trauben über, ein intaktes Bergkiefern-Hochmoor mit der typischen Vegetation. Der Lindenhof in der Bildmitte links steht auf einem eiszeitlichen Hügel, der vor Jahrtausenden eine Insel im Eisstausee gewesen ist, der dem Ried vorausging. Wilhelmsdorf (rechte obere Bildhälfte), heute Gemeindemittelpunkt des gesamten Gebiets, wurde 1824 als Kolonie der pietistischen Brüdergemeine Korntal gegründet. König Wilhelm I.

von Württemberg stellte den Siedlern den südöstlichen Teil des Pfrunger Rieds unter der Bedingung zur Verfügung, daß sie es urbar machten: eine letzten Endes unlösbare Aufgabe. Daß Wilhelmsdorf überlebte und sich schließlich kräftig entwickelte, hat es seinen sozialen Einrichtungen – Schulen, Heimen, Werkstätten – zu verdanken. Etwa in Bildmitte, zwischen Wilhelmsdorf und dem Lindenhof, verläuft die europäische Wasserscheide.

25 *Drumlinlandschaft, Zeuge der jüngsten Erdgeschichte*
Der Blick über das Hügelland nordöstlich Neukirch zeigt das Charakteristische der Drumlinlandschaft, die sich beiderseits der Argen bis zum Bodensee hinzieht. Auf engem Raum haben die Gletscher vor 15000 bis 20000 Jahren zahllose, meist langgezogene Rücken hinterlassen, die aus Kies und Moränenschutt in unterschiedlicher Schichtung und Zusammensetzung bestehen. Sie können bis zu 50 Meter hoch und mehrere hundert Meter lang sein und verlaufen, dem Fluß des Eises entsprechend, meist in annähernd gleicher Richtung. Moore und kleine Seen, wie der Mahlweiher hinter dem Wald im rechten oberen Bilddrittel, beleben die Landschaft ebenso wie die vielen kleinen Waldstücke, die man auch Schachen nennt. Das überwiegend hängige Gelände, noch bis zur Mitte des vorigen Jahrhunderts in harter Handarbeit vor allem mit Flachs bebaut, wird heute in erster Linie für Grünlandwirtschaft und Futterbau genutzt. Die in Weilern gruppierten Siedlungen – im Vordergrund Gunzenweiler, im oberen Bilddrittel links Hinteressach – lassen deutlich einen gewissen bäuerlichen Wohlstand erkennen.

26 *Die Schussenmündung, wie sie niemand kennt*
Der mehr oder weniger gerade Verlauf der letzten Schussenkilometer bis zur Mündung bei Schwedi (im Hintergrund des Bildes halbrechts) ist die Folge einer Flußkorrektur im späten 19. Jahrhundert. Dabei wurden die weit ausgreifenden Mäander abgeschnitten, die heute einen besonders reizvollen Teil des Naturschutzgebiets Eriskircher Ried bilden. Es zieht sich in nordsüdlicher Richtung von Friedrichshafen her am Seeufer entlang, umfaßt 221 Hektar und ist landseitig eng mit entwässerten landwirtschaftlichen Flächen verzahnt. Die seenahen Teile sind nicht nur ein Paradies zahlreicher Vogelarten und wichtiger Rast- und Brutplatz; im Juni blühen hier in dichten Beständen die leuchtend blauen Sibirischen Schwertlilien (Iris sibirica). Noch im vorigen Jahrhundert waren die vielfach gewundenen Mündungsschleifen der Schussen schiffbar. Nicht nur bei Schwedi auf Langenargener Gemarkung, auch in Mariabrunn und Eriskirch befanden sich Schiffsländen. Seit dem Mittelalter bis weit ins 19. Jahrhundert hinein spielte die Flößerei auf der Schussen eine wichtige Rolle. Eine aktuelle Problematik der Gegenwart deutet die (im Bild links oben teilweise sichtbare) Kläranlage Moos an.

27 *Baggerlöcher als Sporthäfen: Die Argenmündung*
Auf ihrem Weg aus dem Allgäu legt die Argen 23 Kilometer Strecke mit rund 500 Metern Höhenunterschied zurück. Die sehr unterschiedliche Wasserführung des Gebirgsflusses und sein starkes Gefälle haben sich in den Jahrtausenden als stark landschaftsgestaltende Elemente erwiesen, zugleich aber auch die landwirtschaftliche Nutzung im Uferbereich wie die Besiedlung erschwert. Das war die Ursache für die Argenkorrektionen im 19. Jahrhundert, die den Unterlauf der Argen südlich Gießenbrücke noch heute bestimmen. Der Auwald zu beiden Seiten steht unter Landschaftsschutz und ist ein beliebtes Wandergebiet mit reicher Flora und Fauna. Der am Argenhorn abgelagerte Kies wurde beiderseits der Mündung bis vor kurzem intensiv abgebaut. Die sogenannten Baggerlöcher boten gute Voraussetzungen für die Anlage von Sporthäfen.

28 *Die Stadt im See: Lindau*
Die kleinste der drei großen Bodenseeinseln ist erdgeschichtlich ein Moränenhügel, der Drumlinlandschaft des Nordostufers weit genug vorgelagert, um sich seit frühgeschichtlicher Zeit als schützendes Eiland anzubieten: für die Fischer gegen die Gewalt der Seestürme, für klösterliche Niederlassungen als Symbol der Zurückgezogenheit von der Welt, für die Handelsstadt als natürliche Festung in unruhigen Zeiten. So ist sie im Lauf der Jahrhunderte in einem Ausmaß überbaut worden, das nur das Luftbild ganz erkennen läßt. Aus der gewohnten Perspektive dominieren noch immer See und Landschaft, der reiche Baumbestand der Uferanlagen und die Weite der

bergumsäumten Bucht. Zudem hat die Patina der Zeit den alten Stadtkern mit seinen winkeligen Gassen, seinen Dächern und Türmen in die gewachsene Landschaft einbezogen. Das wird einem besonders bewußt, wenn man die Insel, zum Teil entlang der alten Festungsmauern, umwandert. Neben dem großen Schiffshafen an der Südseite aus der Mitte des vorigen Jahrhunderts ist mit zwei Becken der Sporthafen des ältesten Segelklubs am Bodensee entstanden. Bootsliegeplätze in besonders geschützter Lage bietet auch der Kleine See zwischen Insel und Festland. Die ihn östlich begrenzende Seebrücke ist schon im Mittelalter bezeugt, der Damm an der Westseite wurde 1853 für die Bahnlinie aufgeschüttet. Von den Lindauer Stadtteilen auf dem Festland zeigt unser Bild vor allem das 1922 eingemeindete Aeschach (rechts oben) und (links oben) Bad Schachen, Blickpunkt einer seit Generationen gepflegten Park- und Gartenlandschaft. Schwefelhaltige Quellen waren dort schon im 15. Jahrhundert bekannt.

29 *Blick über den Hohen Häderich zum Bodensee*
Die Nagelfluhkette, markanter Gebirgszug im Westen der Allgäuer Alpen, deren höchste Erhebung der Hochgrat ist, bildet mit ihrem westlichen Ausläufer, dem Hohen Häderich (1568 m), die Grenze zum Bregenzer Wald. Man schaut hinunter in die verzweigten Täler, deren Wasserläufe alle der Bregenzer Ache zufließen. Im oberen Bildteil links trennt das Rheintal die Dornbirner Hausberge – Brüggele und Hochälpele – von Säntis und Altmann auf der Schweizer Seite. Aus dem Dunst über dem Bodensee heben sich die Höhen des Appenzeller Landes und (rechts oben) die Hügellandschaft bei Lindau.

30 *Tief eingeschnittenes Rheintal zwischen Ebnit und Alpstein*
Das Ebniter Tal im südlichen Bregenzer Wald, wo die Dornbirner Ache entspringt, wird nach Südwesten hin von einer Bergkette abgeschlossen, deren höchste Erhebung die Hohe Kugel (1645 m) ist. Der breite Graben des Rheintals, von dem hier der Abschnitt etwa zwischen Buchs und Hohenems zu sehen ist, liegt mehr als 1200 Meter tiefer. Dort unten wachsen Götzis, Mäder und Altach (Bildmitte rechts) aufeinander zu, nach Westen abgeschirmt durch die einzelne Höhe des Kummaberges (667 m). Am linken Bildrand werden die Ausläufer von Feldkirch sichtbar. Mächtig thront jenseits des Rheins das Alpsteingebirge mit Säntis und Altmann hinter der steilen Bastion des Hohen Kasten. Links davon schaut man ins Hochtal des Toggenburg mit der Kette der Churfirsten, rechts ins Appenzeller Land, über dem noch ein Schimmer des Bodensees zu sehen ist.

31 *Das Appenzeller Land vor dem Säntismassiv*
Nur 30 Kilometer ist der Säntis vom Bodensee entfernt. Das Vorland mit den beiden Kantonen Appenzell ist von den mehr als 2000 Metern Höhenunterschied geprägt worden. Nicht nur die Schubkraft des Eises, auch das Gefälle der Wasserläufe schuf eine ungewöhnlich vielgestaltige Bergwelt mit tief eingeschnittenen, steilwandigen Tälern. Aber die Erosion hat in langen Zeiträumen auch die Kuppen gerundet, Sonnenintensität und hohe Niederschlagsmengen sorgen bis weit hinauf für üppiges Weideland. Zwischen Rorschach und St. Margarethen und an der Westseite des Rheintals steigen die Hänge unvermittelt auf 800 und 1000 Meter Höhe an, zahllos erscheinen die grünen Gipfel, die einen mit dreifachem Ausblick beschenken: ins Rheintal, zum Säntis und zum Bodensee.

32 *Blick in die kühne Felslandschaft des Alpstein*
Als wild zerklüftetes Gebirge erweist sich für den Blick aus der Nähe das so gelassen über der Bodenseelandschaft thronende Säntismassiv. Landläufig nennt man den ganzen Alpstein nach seinem höchsten Gipfel (2501 m), der auf der Westseite, von der Schwägalp her, auch mit einer Seilbahn zu erreichen ist. Der südöstliche Teil des mächtigen Doppelgipfels, der Altmann, über Lisengrat und Rotsteinpaß mit dem Säntis verbunden, ist nur 65 Meter niedriger (Bildmitte). In den Karen um den Säntis hält sich der Schnee das ganze Jahr über. Die Schweizerische Bundespost hat auf dem Gipfel Einrichtungen zur Wetterbeobachtung, Relaisstationen u. a. für Radio und Fernsehen in einem elfgeschossigen, größtenteils im Berg versenkten Gebäude untergebracht.

33 *Anschauungsstücke der Erdgeschichte: Churfirsten und Walensee*
Daß die Alpen vor Jahrmillionen durch Auffaltung und das Zusammenschieben von Teilen der Erdkruste

entstanden sind, macht das Bild der Churfirsten, von Nordosten gesehen, unmittelbar anschaulich. Die eigenwillige Bergkette, die am Hinterrugg (Bildmitte) 2306 Meter erreicht, gehört wie das Säntismassiv zu den Thuralpen und wurde während der Eiszeit von einem Seitenarm des Rheingletschers überzogen. Diesem verdankt auch der Walensee seine Entstehung, zu dem die Churfirsten nach Süden steil abfallen. Der schmale, 15 Kilometer lange See, nur 419 Meter hoch gelegen, ist 150 Meter tief und durch den Linthkanal mit dem Zürichsee verbunden. Straße und Bahn führen durch viele Tunnels am Südufer entlang, während die Orte am Nordufer nur mit dem Schiff zu erreichen sind.

34 *Zwischen den Seen der vielgestaltige Bodanrück*
Der 20 Kilometer lange und sechs Kilometer breite Bodanrück, ein waldreiches, vielfältig gegliedertes Hügelland, das an seinem Nordwestende 700 Meter Höhe erreicht, trennt die beiden so grundverschiedenen westlichen Teile des Bodensees voneinander. Sein Steilufer gibt dem Überlinger See den fjordartigen Charakter, seinen schützenden Höhen verdankt die Mainau Klimagunst, nach Südwesten hin senkt er sich allmählich zum Ufer des flachen Gnadensees zwischen Allensbach, der Reichenau und der Mettnau (im Bild links oben). Aus der Luft wird der fließende Übergang zwischen Land und Wasser am Wollmatinger Ried (Bildmitte links) besonders deutlich, das sich von der markanten Abgrenzung durch den Seerhein nach oben in die schilfbestandenen Flachwasserzonen östlich der Reichenau zieht. Noch vor Jahren galt der Bodanrück als Inbegriff unberührter Natur und dörflicher Idylle. Ein Bereich von über 6000 Hektar unterliegt als Landschaftsschutzgebiet gewissen Nutzungsbeschränkungen. Naturschutzgebiet ist der Mindelsee (in der Mitte des oberen linken Bilddrittels) mit der Vogelwarte Radolfzell im Schloß Möggingen, in der seit Kriegsende die Arbeit der berühmten Vogelwarte Rossitten (Ostpreußen) fortgesetzt wird. In Möggingen ist auch die Zentrale für die Naturschutzarbeit des Bundes Umwelt- und Naturschutz Deutschland (BUND) am Bodensee. Von allen Seiten greift die Besiedlung in den Bodanrück ein. Bevorzugte Wohnlagen sind z. B. Litzelstetten oberhalb der Mainau, Dingelsdorf, Wallhausen, Markelfingen und Allensbach. Am stärksten hat die Stadt Konstanz ihre Bauentwicklung auf den Bodanrück vorgetrieben. Die Absicht, eine Autobahn mit Anschluß an die Schweiz (wozu die Rheinbrücke bereits gebaut wurde) über den Bodanrück zu führen, ist daher wohl nur vorläufig vom Tisch. Diese Brücke ist auf unserem Bild so wenig zu sehen wie die Universität im östlichen Teil des Mainauwaldes. Beides war 1966, als die Aufnahme gemacht wurde, noch nicht gebaut. Inzwischen läßt die Luftverschmutzung im Raum Konstanz Fotos aus der für diese Übersicht notwendigen Höhe von 3500 Metern nicht mehr zu.

35 *Alpensicht über Bodman, Überlinger See und Bodanrück*
Das fruchtbare Delta, das die Stockacher Aach von Westen her in den Überlinger See vorgetrieben hat, begleitet eine kurze Strecke noch den hier vielfältig gegliederten nördlichen Steilabfall des Bodanrücks. Das verschafft Bodman seine einzigartige Lage. Die karolingische Pfalz Potama entstand bereits auf uraltem, vorgeschichtlichem Siedlungsland. Auf Resten ihrer Fundamente steht vielleicht die heutige Pfarrkirche. Am Ostende des Dorfes, wo das Ufer schmal wird und die Berge den Westwind abhalten, legten schon im frühen Mittelalter die Schiffe an, hier entstand später auch das Gredhaus. Seit dem späten 13. Jahrhundert ist Bodman – das Schloß heute ein Bau des 18. Jahrhunderts – im Besitz der Grafen von Bodman. Auf sie gehen auch die romantischen Burgen zurück, die die Berghänge über dem Dorf krönen: Frauenberg und gegenüber die Ruine Alt-Bodman. Wo sich heute an der Landseite die Obstquartiere ausbreiten, wuchs bis in unser Jahrhundert der Wein, an dessen Bedeutung noch der Torkel im schmucken Fachwerkhaus von 1772 erinnert.

36 *Öhningen in der Gartenlandschaft der Höri*
Die Halbinsel zwischen dem Zeller See und Stein am Rhein, gekrönt vom über 700 Meter ansteigenden Höhenzug des Schiener Berges, hat ihren Namen Höri wohl aus karolingischer Zeit von ihrer Zugehörigkeit zum Königsgut. Die breite Terrasse entlang dem Ufer, mit fruchtbaren Böden und geschütztem Seeklima, ist altes Siedlungsland und wird noch immer von Gartenbau und Landwirtschaft intensiv genutzt. Das besondere Flair dieser lieblichen Landschaft hat Künstler wie Otto Dix oder Hermann

Hesse angezogen. Öhningen, am Kreuzungspunkt der von Radolfzell über Schienen nach Stein führenden Straße, besaß schon im 12. Jahrhundert ein Chorherrenstift, dessen im Laufe der Zeit mehrmals umgestaltete Gebäude mit der Pfarrkirche des 17. Jahrhunderts das Ortsbild beherrschen. Das am Ufer gelegene Schlößchen Oberstaad mit dem spätgotischen Turm steht in unmittelbarem Zusammenhang mit der Burg Hohenklingen (im Bild links oben). Die Vögte von Stein am Rhein errichteten hier im 12./13. Jahrhundert eine Festung zum Schutz der Landestelle für jene Schiffe, die für die gefährliche Fahrt stromabwärts nicht geeignet waren.

17 Landschaft am Ende des Überlinger Sees

18 *Blick über Sipplingen zum Bodanrück*

19 *Uferlandschaft zwischen Überlingen und Ludwigshafen*

20 Heiligenberg, Höchsten und das Salemer Tal

21 *Seenlandschaft bei Illmensee*

22 Blick vom Gehrenberg über das Deggenhauser Tal

23 Im Naturschutzgebiet an der Seefelder Aach

24 Torfseen am Rand des Pfrunger Rieds bei Wilhelmsdorf

25 Drumlinlandschaft, Zeuge der jüngsten Erdgeschichte

26 Die Schussenmündung, wie sie niemand kennt

27 Baggerlöcher als Sporthäfen: Die Argenmündung

28 Die Stadt im See: Lindau

29 Blick über den Hohen Häderich zum Bodensee

30 Tief eingeschnittenes Rheintal zwischen Ebnit und Alpstein

31 Das Appenzeller Land vor dem Säntismassiv

32 Blick in die kühne Felslandschaft des Alpstein

33 Anschauungsstück der Erdgeschichte: Churfirsten und Walensee

34 *Zwischen den Seen der vielgestaltige Bodanrück*

35 Alpensicht über Bodman, Überlinger See und Bodanrück

36 Öhningen in der Gartenlandschaft der Höri

Lebendige Geschichte

Am 12. Februar 1963 machte sich von Münsterlingen im Thurgau aus eine Prozession von 2500 Menschen im Schneetreiben auf den Weg über den zugefrorenen Bodensee hinüber ins badische Hagnau, um die Büste des Apostels Johannes heimzuholen. Sie befand sich dort seit 133 Jahren, seit der Seegfrörne von 1830, und sie machte den Weg übers Eis jetzt zum viertenmal. Schon einmal, 1684, war sie über den gefrorenen See nach Münsterlingen zurückgekehrt, nachdem man sie 111 Jahre zuvor, anläßlich des großen Eises von 1573, zum erstenmal in feierlichem Zug nach Hagnau getragen hatte. Das Band einer die Generationen übergreifenden Tradition hat Jahrhunderte überdauert, in denen die beiden Ufer des Sees politisch und in ihrer staatlichen Zuordnung auseinanderdrifteten. Daß die Seegfrörne 1963 unvermutet die Staatsgrenzen am Bodensee für eine Weile so durchlässig machte, wie sie es seit Anfang des Jahrhunderts nicht mehr gewesen waren, gab plötzlich der vergessenen Zusammengehörigkeit wieder Raum. War sie wirklich vergessen?

Der Bodensee ist heute ein internationales Gewässer. Bedeutet er auch auf der Palette Österreichs nur einen glitzernden Farbtupfer, so nehmen ihn doch die Bundesrepublik wie die Schweiz, jeder für sich, als ihren See in Anspruch, und beide führen die Geschichte als Zeugen für die Richtigkeit dieser Einschätzung an; eine unbewußte Überbrückung der Tatsache, daß die gemeinsame Geschichte des Bodenseeraumes schon vor 500 Jahren zu Ende ging und daß wir längst mit seiner doppelten Identität leben müssen. Und doch begegnet uns Gemeinsames aus uralten Wurzeln auf Schritt und Tritt: das Alemannische zum Beispiel als Grundlage aller rund um den See gesprochenen Dialekte oder der tausendjährige Name Bodensee.

Lateinisch, als Lacus Podamicus, steht er 890 zum erstenmal in einer St. Gallischen Urkunde. Die Franken, seit dem Ende des 5. Jahrhunderts bestrebt, die Alamannen in ihr Reich einzufügen, hatten von Westen her am Bodensee Fuß gefaßt. Nach ihrer Pfalz Potama im Schutz des Bodanrücks, die wohl ursprünglich ein alamannischer Herrschaftssitz war, nannte man den See. Der weltgeschichtliche Wandel in der Frühzeit des Mittelalters kam in diesem Namen zum Ausdruck.

Die älteren Kartographen nämlich hatten sich an die römische Bezeichnung Brigantinus Lacus gehalten. Für die Römer, die um die Zeitwende begannen, den Bodensee in Besitz zu nehmen, konnte sich die Bezeichnung des Sees nur von ihrer Stadt Brigantium am Südostende herleiten, der ersten von zahlreichen späteren Niederlassungen. Erst recht rückt die heute noch in vielen Sprachen gebräuchliche Nennung des Sees nach der Stadt Konstanz Geschichte ins Blickfeld. Der Name der mittelalterlichen Seemetropole, die sich Anfang des 15. Jahrhunderts sogar um die Mitgliedschaft in der flämischen Hanse bewarb, geht auf eine römische Grenzbefestigung zur Abwehr der Alamannen zurück. Er bezieht sich auf einen der spätrömischen Kaiser: Constantius Chlorus oder Constantius II.

Frühe Besiedlung

In eine viel fernere Vergangenheit weist ein gern besuchtes Touristenziel: die Pfahlbauten bei Unteruhldingen. Die Siedlungen von Fischern und Jägern, die sie veranschaulichen sollen, liegen 3000 bis 4000 Jahre oder länger zurück und reichen von der Steinzeit in die Bronzezeit hinüber. So einzeln, wie sie uns heute erscheinen, sind sie nicht gewesen. Ein breiter Siedlungsgürtel vom Genfer See bis zur oberen Donau bezog den westlichen Bodenseeraum – Untersee, Hegau, Überlinger See – mit ein, während das mittlere und östliche Oberschwaben, von den großen Flußniederungen abgesehen, noch weitgehend unberührtes Waldland war.

Klima, Geländegestalt und Bodenfruchtbarkeit gaben den Ausschlag, denn man war bei der Suche nach Weide-, Akker- und Siedlungsland ausschließlich auf die landschaftlichen Gegebenheiten angewiesen. Darum lösten sie einander auch in den gleichen Siedlungsräumen ab, die Menschen der Bronzezeit, die Urnenfelderleute, die Bauern und Krieger der Hallstattzeit, die Kelten, die Alemannen.
Den Römern dagegen, die unter Cäsar und Tiberius die Helvetier und die Räter unterworfen hatten und den Bodenseeraum in einer langsamen Rückzugsbewegung über 300 Jahre halten konnten, ging es in erster Linie um die militärische Sicherung der neuen Provinzen, um Straßen, Brücken, Kastelle, Verwaltungszentren. Ihre Spuren begleiten uns das ganze Südufer entlang bis hinunter nach Eschenz. Daß man dabei auf mittelmeerische Stadtkultur nicht verzichten wollte, zeigen mit packender Anschaulichkeit die Ausgrabungen in Bregenz.
Die geschichtlich bedeutendste Landnahme war die der Alamannen im 3. Jahrhundert unserer Zeitrechnung. Das ganze Mittelalter hindurch war sie eine der Grundlagen für die sprachliche und politische Zusammengehörigkeit des Bodenseeraumes. Daß die Franken nach jahrhundertelangen Kämpfen Mitte des 8. Jahrhunderts die Alamannen endgültig unterwerfen konnten, hat diese Kontinuität nicht beeinträchtigt. Sie wirkt bis in die Gegenwart fort.

Basis fränkischer Macht

St. Gallen und die Reichenau zählten im frühen Mittelalter zu den bedeutendsten kulturellen Zentren nördlich der Alpen. Sie waren nicht einmal 50 Kilometer voneinander entfernt, und zwischen ihnen befand sich auch noch der Bischofssitz Konstanz. Diese ungewöhnliche Häufung religiöser, kultureller, aber auch politischer Repräsentanz läßt sich aus der Geschichte der Christianisierung des Bodenseeraums und der mit ihr eng verflochtenen fränkischen Machtergreifung verstehen. Es ist eine Geschichte voller Bilder. Da sind zum Beispiel die irischen Mönche, um das Jahr 610 von den Franken zur Bekehrung der Alamannen ins Land geschickt; da ist ihr Führer, der streitbare Kolumban, da ist der stillere Gallus, der 612 im unwegsamen Waldgebirge zwischen See und Säntis seine Einsiedlerzelle baut; da ist der Alamannenherzog Gunzo auf seiner Burg im heutigen Überlingen, der sich zum Christentum bekennt, nachdem Gallus sich bereit fand, seine vom bösen Geist besessene Tochter zu heilen; da ist Pirmin, der Gründer der Reichenau, vor dem Schlangen, Kröten und Gewürm in wilder Flucht ins Wasser des Bodensees stürzen. Es sind Bilder, wie sie die Mönche in der großen Zeit St. Gallens und der Reichenau mit feinem Pinsel auf Goldgrund malten. Aber wir wissen doch noch einiges mehr über die Wirklichkeit jener Zeit.
Für die Franken hatte der Bodenseeraum ausschlaggebende strategische Bedeutung, denn vom Rheintal aus waren die Bündner Pässe als einfachste Verbindung nach Oberitalien zugänglich. Fränkisches Großmachtstreben setzte gerade im 8. Jahrhundert auf den Bund mit der römischen Kirche, eine Politik, aus der mit der Krönung Karls des Großen durch den Papst im Jahre 800 das abendländische Kaisertum des Mittelalters hervorging. Die Gründung des Klosters Reichenau durch Pirmin 724 ist ein Teil der intensiven Bemühungen der Frankenkönige, das alemannische Kernland um den Bodensee als Basis solcher Politik fest in das Reichskonzept einzufügen. Staatliche und kirchliche Organisation wurden eng verzahnt, um den alemannischen Einfluß zurückzudrängen. Es lag auf dieser Linie, daß 736 ein Reichenauer Mönch als Bischofsnachfolger in Konstanz eingesetzt wurde. Für längere Zeit wurden die Ämter von Abt und Bischof in Personalunion geführt und um 760 auch St. Gallen in diesen Machtblock einbezogen. Abt Otmar, der seit 719 die Galluszelle wieder aufgebaut und die Regel Benedikts eingeführt hatte, mochte sich dem nicht fügen. Man machte ihm den Prozeß und setzte ihn auf der Insel Werd bei Stein am Rhein gefangen. Als Heiliger ist er nach seinem Tod nach St. Gallen zurückgekehrt, und den Schiffsknechten ging auf der mühsamen Fahrt seeaufwärts der Wein in ihrem Fäßchen nicht aus.

Kernland der Staufer

Eine besonders enge Beziehung zum Bodensee hatten die Staufer, die im frühen 12. Jahrhundert das Erbe des Reiches für sich beanspruchten. Im Machtkampf mit Papst und Kirche wurde ihr Herzogtum Schwaben und damit der Bodenseeraum noch einmal zur strategischen Klammer zwischen Nord und Süd; dies vor allem, nachdem Barbarossa den welfischen Besitz in Oberschwaben seiner Hausmacht hatte einverleiben können. Während Kirche und Klöster an Einfluß im öffentlichen Leben verloren, verbündeten sich die Staufer mit dem Bürgertum in den neu entstehenden Städten.
Noch im 11. Jahrhundert hatte es keine Städte gegeben.

Kaufleute und Gewerbetreibende hatten sich zwar da und dort, wie etwa in Konstanz, Überlingen oder Lindau, im Bereich von Klöstern, einem Bischofssitz, einem Herzogshof angesiedelt, wo Märkte abgehalten wurden. Barbarossa begann damit, Städte zu gründen, Rechte – zum Beispiel das der Ummauerung – zu gewähren und durch Freiheit von Abgaben den wirtschaftlichen Aufschwung zu begünstigen. Friedrich II. setzte diese Politik, die den Bodenseeraum zur Landschaft mit der größten Dichte an Reichsstädten machte, in großem Stil fort, gab sie doch Sicherheit und Rückhalt an den großen Straßen nach Süden. Er wußte aus eigener Erfahrung, was eine Stadt wert sein kann. Daß Konstanz dem Siebzehnjährigen bei seinem ersten Zug aus Italien über die Alpen die Tore öffnete, die ein paar Stunden später seinem Rivalen, dem Welfen Otto IV., verschlossen blieben, war mit entscheidend für die Wiedergewinnung des staufischen Königtums.

Konstanz und das Konzil

Konstanz zählte das ganze Mittelalter hindurch zu den bedeutenden Städten diesseits der Alpen. Bernhard von Clairvaux hatte 1146 hier den Kreuzzug gepredigt. Auf einem Reichstag 1153 handelte Barbarossa hier einen wichtigen Vertrag im Investiturstreit aus, und 30 Jahre später schloß er hier Frieden mit den lombardischen Städten. Zu Anfang des 15. Jahrhunderts wurde Konstanz durch das Konzil noch einmal Schauplatz eines weltgeschichtlichen Ereignisses, obwohl sich seit dem Untergang der Staufer und dem Aufstieg der Habsburger die Gewichte europäischer Politik nach Osten verschoben hatten.

Anlaß war die seit 1378 bestehende Kirchenspaltung zwischen Rom und Avignon, nachdem der Versuch, sie durch Neuwahl zu beenden, fehlgeschlagen war. Der deutsche König Sigmund, der letzte in Prag regierende Luxemburger, noch einmal aufgerufen in der mittelalterlichen Beschützerfunktion des Reiches für die Kirche, wählte als Ort des Konzils, das am 1. November 1414 begann, Konstanz, das ihm als Reichsstadt unmittelbar unterstand. Durch die Nähe der Alpenpässe und die offenen Ost-West-Verbindungen war es für alle Nationen gleich gut erreichbar. Die Versorgung mit Lebensmitteln war auf dem Wasserwege ohne Schwierigkeiten sicherzustellen. Vor allem: Konstanz war mit etwa 6000 Einwohnern für damalige Verhältnisse eine große Stadt und besaß genügend Herbergen und Stallungen. Immerhin hielten sich während der dreieinhalb Jahre bis zum Frühjahr 1418 an die 70 000 Personen zeitweilig in der Stadt auf. Die gesamte politische, kirchliche und gelehrte Welt des Abendlandes war versammelt.

Im schon damals altehrwürdigen Konstanzer Münster faßte das Konzil weittragende Beschlüsse. Die Kirchenspaltung wurde beendet; der böhmische Reformator Johannes Hus, dem der König freies Geleit zugesagt hatte, wurde verurteilt und verbrannt; das Haus Habsburg verlor große Teile seiner vorderösterreichischen Besitzungen, und seine Stammlande an der Aare fielen an die Eidgenossenschaft; die Hohenzollern wurden mit der Mark Brandenburg belehnt.

Wie ein Brennspiegel faßte das Konzil die Auflösungserscheinungen im späten Mittelalter zusammen. Der Vorrang von Macht und Besitz, von Abhängigkeiten, Abgaben und Einkünften beherrschte längst den Kampf zwischen den zentralen und den regionalen Gewalten. Das zunehmende Mißverhältnis zwischen Macht und moralischem Anspruch machte die Durchsetzbarkeit vieler Rechtspositionen immer fragwürdiger und beschleunigte den Verfall der gesellschaftlichen Ordnung. Der Bodenseeraum ist ein Beispiel für die tiefgreifenden politischen Folgen dieser Entwicklung.

Das Südufer wird selbständig

Auf den grünen Höhen des Appenzeller Landes, die der Bodenseelandschaft nach Süden ihre typische Kontur geben, war zwölf Jahre vor dem Beginn des Konzils eine Schlacht geschlagen worden, die zur Formierung der Eidgenossenschaft und zur Einbeziehung des Bodenseesüdufers entscheidend beigetragen hat. Das Freiheitsstreben der Bergbauern von Uri und Schwyz, die sich seit dem Ende des 13. Jahrhunderts erfolgreich gegen die Herrschaft der Vögte Österreichs erhoben hatten, gab den Appenzeller Bauern das Beispiel. Als sie 1402 bei Vögelinsegg oberhalb St. Gallen die äbtische Streitmacht und die Hilfstruppen der Bodenseestädte vernichtend schlugen, triumphierten sie über einen Kirchenfürsten, der nichts mehr war als ein auf Rechte, Steuern und Abgaben bedachter Grundherr.

Immer mehr Städte schlossen sich dem Bund der Eidgenossen an. Als Abt Ulrich Rösch Ende des 15. Jahrhunderts das Reichskloster St. Gallen wieder zu Kraft und Ansehen führte, tat er es bereits im Pakt mit der Eidgenossenschaft. Es war nur konsequent, daß man versuchte, den Einfluß des Bischofs von Konstanz im Thurgau zurückzudrängen. Im Schwabenkrieg, der im Rheintal bei Maienfeld und Hard begonnen hatte und dann zwischen Schweizern und Schwäbischem Bund auch im Hegau erbittert geführt wurde, fiel schließlich fast der gesamte Thurgau bis vor die Tore der Stadt Konstanz der Eidgenossenschaft zu. Der Friede von Basel brachte 1499 die faktische Loslösung der Eidgenossenschaft aus dem Reichsverband und damit die endgültige Weichenstellung für die Teilung des Bodenseeraumes.

Territoriale Herrlichkeit

Führte der Zerfall des Reiches am Ende des Mittelalters die Eidgenossen zur selbstbewußten Einheit, so begünstigte er am Nordufer des Bodensees jenes Mosaik kleiner und kleinster Territorien, dem die Landkarten bis ins 18. Jahrhundert ihre Farbigkeit verdanken. Adel, Klöster und Städte suchten ihre Eigenständigkeit auf engem Raum nur um so nachdrücklicher zu behaupten und aus ihr Nutzen zu ziehen. Ein Beispiel solch staatlicher Vielgestaltigkeit gibt das Salemer Tal. Das Territorium der Reichsabtei wurde nach Westen begrenzt von dem der Freien Reichsstadt Überlingen, nach Osten vom Bischöflich Konstanzischen Besitz um Meersburg, und ein kleines Stück nördlich regierten schon die Heiligenberger. Wirtschaftliche Tätigkeit, insbesondere der Handel, wurde durch solche Grenzen freilich nicht wesentlich behindert.

Die stattlichen Gred- und Kaufhäuser, denen wir rund um den See und weit hinein ins Hinterland begegnen, stehen für blühendes Gewerbe und florierenden Handel, wovon die ganze Landschaft profitierte. Über den See verkehrten die großen Lädinen mit den breiten Rahsegeln, brachten oberschwäbisches Getreide ans Südufer, verschifften Stoffe und Gewürze und das kostbare Salz, luden Wein und Vieh, Bauholz und Steine. Für die Bevölkerung hatte die Textilwirtschaft größte Bedeutung. Sie basierte auf dem Flachsanbau rund um den See und auf der Arbeit der immer zahlreicheren Weber in den Städten. Hier hatte auch der Fernhandel seine wesentliche Aufgabe. Beherrschte bis ins 15. Jahrhundert hinein die Große Ravensburger Handelsgesellschaft mit ihren Niederlassungen in ganz Europa diesen Markt, so trat später St. Gallen als Zentrum des Leinwandhandels an die erste Stelle.

Seit dem 16. Jahrhundert waren es die Kaufleute aus der Nordostschweiz, die Garne und Rohleinwand auch in Oberschwaben und im Bregenzer Wald kauften und verarbeiten ließen, um sie dann als St. Galler Erzeugnisse anzubieten. Daher spielte später das Kapital der Schweizer »Verleger« auch beim Übergang von der Heimarbeit zur Textilindustrie rings um den See die entscheidende Rolle. St. Gallen und Nürnberg unterhielten bis ins 18. Jahrhundert einen gemeinsamen Botendienst nach Lyon, und noch bis ins 19. Jahrhundert zog der Mailänder Bote einmal wöchentlich von Lindau aus durchs Rheintal und über den Splügen nach Oberitalien: zwei Beispiele dafür, wie lange der Bodenseeraum – auch nach der Neuorientierung des Welthandels seit 1498 – ein Schnittpunkt für den internationalen Warenaustausch blieb.

Als Territorialherren hatten schon früh auch die Klöster Bedeutung. Ihre Geschichte am Bodensee reichte am Ende des Mittelalters über 800 Jahre zurück, eine Zeitspanne, die Aufstieg, Verfall und Reform, wechselnde Ideale und Ziele in sich schloß. Was als Vorstoß in eine heidnische Umwelt begonnen hatte, führte später, getragen von einer alles durchdringenden Religiosität, zu einer Vielzahl von Klostergründungen und zu immer neuen Reformansätzen. Der Übersteigerung religiöser Hingabe, der wir im 14. Jahrhundert etwa in der Gestalt des Mystikers Heinrich Seuse im Konstanzer Inselkloster begegnen, folgte am Ende die innere Leere. Man verbat sich schließlich in vielen Klöstern die Bezeichnung Mönch und wollte als Konvents- oder Kapitelherr angesprochen werden. Das Selbstverständnis herrschaftlichen Standes wuchs auch durch die Erhebung vieler Abteien in die Reichsunmittelbarkeit. Das stärkte ihre Rechtsposition und wirtschaftliche Unabhängigkeit und konnte sie zu Stützpunkten des Kaisers in seiner Auseinandersetzung mit den Fürsten machen.

Nirgends tritt uns fürstliches Selbstbewußtsein offener entgegen als in den Schlössern der Renaissance. Von der Höhe des Heiligenberges hoch über dem Salemer Tal hielt seit Jahrhunderten die Burg der Linzgaugrafen die Landschaft im Auge, als 1534 dort die Fürstenberger aufzogen. Ihr Schloß auf schmalem Bergsporn signalisiert – wie die Burg auf dem Hohentwiel, wie Waldburg und Wolfegg, wie Hohenems und Werdenberg – Machtanspruch und Behauptungswillen.

Soziale Unruhe, Reformation, Krieg

Aber schon das 16. Jahrhundert wurde von Kräften bewegt, die sich außerhalb machtpolitischer Positionen entwickelten und am Ende die tiefgreifendsten Veränderungen im religiösen, gesellschaftlichen und politischen Bewußtsein Europas auslösten. Im Frühjahr 1525 erhoben sich die Bauern in Oberschwaben und im Allgäu. Sie wollten nicht nur die drückendsten Lasten der Leibeigenschaft abschütteln. Ihnen schwebte eine grundsätzliche Neuordnung vor, deren religiösen Hintergrund die Reformation bildete, deren politische Vorstellungen vom Beispiel der nahen Schweizer Eidgenossen beeinflußt waren. Trotz militärischer Unterlegenheit konnte der Feldhauptmann des Schwäbischen Bundes, der Truchseß Georg von Waldburg, genannt Bauernjörg, im berühmten Weingartner Vertrag die Bauern zum Einlenken bewegen. Das machte ihm den Rücken frei für die grausame Niederwerfung des Bauernaufstandes im übrigen Schwaben.

Die alte Ordnung ging gefestigt aus diesem Kräftemessen hervor. Zwar traten die meisten Reichsstädte in Oberschwaben der Reformation bei. Da aber Klöster und Adelsherrschaften sich der Ausbreitung des neuen Glaubens auf dem Lande widersetzten, blieben die Städte isoliert. Der Bischof wich der Reformation in Konstanz aus, indem er 1526 seinen Sitz nach Meersburg verlegte. Ulrich Zwingli, der Reformator der Schweiz, wurde 1484 in der Nachbarschaft des Bodensees, in Wildhaus im Toggenburg am Südfuß des Säntis, geboren.

Von den militärischen Auseinandersetzungen der Folgezeit hatte das Bodenseegebiet unter dem Dreißigjährigen Krieg am meisten zu leiden. Vor allem in den Jahren 1632 und 1633 und dann wieder seit 1643 zogen schwedische wie kaiserliche und später auch französische Truppen plündernd und brandschatzend durch die Landschaft. Während in Osnabrück und Münster schon die Friedensverhandlungen begannen, war der Bodensee immer noch Kriegsschauplatz. Daß die Schweden unter Carl Gustav von Wrangel an der geschickten Verteidigung von Konstanz und Lindau durch den kaiserlichen Feldmarschall Waldburg bei dem Versuch scheiterten, ins Rheintal vorzustoßen, mag zur Erkenntnis der Aussichtslosigkeit einer weiteren Kriegführung beigetragen haben.

Die Folgen des Krieges für die Landschaft waren verheerend: Hier zeigt das Wort seine nackte historische Wurzel. Seuchen, Hunger, Rekrutierungen, Gewalttaten hatten die Bevölkerung dezimiert. Äcker und Felder verwahrlosten, Dörfer waren niedergebrannt, Höfe, Städte und Burgen geplündert. Der Handel war völlig zum Erliegen gekommen, neue Ansätze erstickten im konfessionellen Gegensatz innerhalb der Städte und im Machtanspruch jener Territorien, die gestärkt aus dem Friedensschluß hervorgegangen waren.

Barockes Zwischenspiel

Und doch rief schon die nächste Generation, drei Jahrzehnte nach dem Ende des furchtbaren Krieges, die Wessobrunner Stukkatoren und die Baumeister aus den Bergtälern Vorarlbergs ins Land, um jene Bauepoche einzuleiten, die fast das ganze 18. Jahrhundert beherrschte und uns heute wie ein unverwechselbarer Ausdruck der Bodenseelandschaft erscheint: das Barock. Im Chaos des Krieges war der Wunsch nach festen Ordnungen übermächtig geworden. Der langersehnte Friede setzte ungeahnte Kräfte frei, belebte das wirtschaftliche Streben, gab schöpferischen Ideen Raum. Klöster und Adelsherrschaften sahen sich durch den Erfolg der Gegenreformation in ihrer Haltung bestätigt. War der neue Stil nicht Ausdruck eines über Ketzerei und Reformation, ja über alle irdische Unzulänglichkeit, über Not und Tod triumphierenden Glaubens? Noch einmal ergab sich der – in Wirklichkeit längst brüchig gewordene – Einklang von Religion, Rationalität und Macht.

Viele großartige Bauwerke entstanden in erstaunlich kurzer Zeit: Weingarten in neun, Birnau wie das Rorschacher Kornhaus in nur vier Jahren; ein Beweis für die Zielstrebigkeit der Bauherren, für Genie und organisatorisches Geschick der Künstler und Handwerker und für die stets unterschätzte Leistungsfähigkeit vorindustrieller Arbeitsmethoden. Die bäuerliche Bevölkerung wurde zu Hand- und Spanndiensten, aber auch zur Lohnarbeit herangezogen, so daß mit den Großbauten des Barock auch ein gewisser wirtschaftlicher Aufschwung für die Landschaft verbunden war. Was entstand, war nicht nur höfische Schaustellung, es entsprach dem Lebensgefühl und der Volksfrömmigkeit einer ganzen Epoche.

Dennoch bleibt es eines der faszinierenden Doppelspiele der Geschichte, daß prachtvolle Barockschlösser – wie etwa in Meersburg oder Tettnang – nach dem Vorbild absolutistischer Hofhaltung in Frankreich zu einer Zeit gebaut wurden, als sich die französische Monarchie bereits in unaufhaltsamem Niedergang befand und der revolutionäre Umsturz nur noch eine Frage der Zeit war.

Neue Grenzen

Die Kriege nach der Französischen Revolution und Napoleons imperiale Vorstellungen haben die Landkarte rund um den Bodensee in wenigen Jahren vollkommen verändert. Die Schweiz wurde besetzt und für kurze Zeit in eine »Helvetische Republik« umgewandelt. Die neue Verfassung nach 1803 bestätigte die historischen Kantone und fügte ihnen neue an: so den auch das Herrschaftsgebiet der ehemaligen Reichsabtei einbeziehenden Kanton St. Gallen sowie den Kanton Thurgau. Am Nordufer, wo schon unter dem aufgeklärten Regiment Josephs II. Klöster aufgelöst und Kirchen abgebrochen worden waren, begann mit dem »Reichsdeputationshauptschluß« eine völlige Neuordnung. Aller Besitz des Bistums Konstanz und der Klöster wurde zum Ausgleich für von Frankreich annektierte linksrheinische Güter weltlichen Herrschaften zugeteilt. Die meisten bisher von den Territorialherren ausgeübten Rechte fielen an die neuen Königreiche Württemberg und Bayern sowie an das Großherzogtum Baden. Sie reichten nun alle an den Bodensee, zu dem Österreich erst 1814 durch den neuerlichen Anschluß des zunächst Bayern zugeschlagenen Vorarlberg wieder Zugang erhielt.

Der rein machtpolitische, auf die Sicherheit Frankreichs und die Entmachtung Österreichs gerichtete Ansatz dieser Neuordnung konnte die demokratischen Bewegungen in Europa nicht aufhalten. An ihnen scheiterte auch der Versuch des Deutschen Bundes unter Metternich, in den neuen politischen Strukturen die überkommenen sozialen zu erhalten. In der revolutionären Unruhe, die Europa im zweiten Drittel des 19. Jahrhunderts erfaßte, spielte die längs durch das Bodenseegebiet verlaufende Grenze eine besondere Rolle. Liberale wie radikale Demokraten im »Jakobinernest« Konstanz brachten sich vor dem Zugriff der badischen Polizei in Kreuzlingen in Sicherheit, wo sie auch Aufrufe, Zeitungen und dergleichen drucken ließen. Die Schweiz galt als Hort der Demokratie, nachdem sich im Sonderbundskrieg 1847 die freisinnigen Kantone gegen die konservativen hatten durchsetzen können. So lag es auch für den badischen Revolutionär Hecker nahe, seinen Marsch nach Karlsruhe, der zum allgemeinen Aufstand hätte führen sollen, in Konstanz zu beginnen.

Die beiden Weltkriege machten die Bodenseegrenze undurchlässiger, als man es sich bis dahin hatte vorstellen können. Jetzt trennte sie Krieg und Frieden, und von 1933 bis 1945 zudem Diktatur und Demokratie. Von den Höhen des Nordufers aus blickte man in die unerreichbare Freiheit. Was das bedeutete, macht der kleine Friedhof bei Birnau erschreckend deutlich. Hier ruhen unbekannte Tote des Konzentrationslagers zwischen Überlingen und Aufkirch. Häftlinge aus ganz Europa mußten im letzten Kriegsjahr in den Molassefelsen bei Goldbach einen dreieinhalb Kilometer langen Stollen graben, der eine unterirdische Raketenfabrik aufnehmen sollte. Ihr Leiden ist ein Stück Geschichte dieser Landschaft.

Bei einem der elf Luftangriffe, die gegen Ende des Krieges Friedrichshafen zerstörten, fielen auch Dachstuhl und Turmhauben der barocken Schloßkirche einem Brand zum Opfer. An ein Notdach war aus Materialmangel selbst nach Kriegsende nicht zu denken. Die Schieferplatten, mit denen die Kirche dann im Winter 1947 eingedeckt und dadurch vor dem gänzlichen Verfall bewahrt werden konnte, kamen aus der Schweiz. Sie waren ein Geschenk von Kirchengemeinden aus dem Kanton St. Gallen. Die Zusammengehörigkeit war nicht vergessen.

Bilderläuterungen 37–60

37 Die Pfahlbauten bei Unteruhldingen
Das Freilichtmuseum Deutscher Vorzeit ist durch Rekonstruktion nach Grabungsfunden entstanden, die Hans Reinerth vor 50 Jahren in der Sipplinger Bucht machte. Auf Pfählen gegründete Siedlungen hat es schon seit der mittleren Steinzeit rings um den Bodensee gegeben, man spricht von über 80 Wohnplätzen. Die Pfahlbauten des Unteruhldinger Museums zeigen den kulturellen Stand der Jungsteinzeit und den Übergang zur Bronzezeit. Die Menschen lebten nicht mehr nur von Jagd und Fischfang, sondern trieben bereits Ackerbau. Die ursprüngliche Annahme, daß die Pfahlbauten, so wie sich die Rekonstruktion heute darbietet, im Wasser errichtet wurden, und zwar zum Schutz gegen Angriffe von Tieren oder Feinden, wurde inzwischen aufgegeben. Man geht heute davon aus, daß der Seespiegel vor 5000 oder 4000 Jahren um zwei bis drei Meter niedriger lag. Es handelt sich also mit größter Wahrscheinlichkeit um Ufersiedlungen, die wegen gelegentlicher Überflutung auf Pfähle gesetzt wurden.

38 Birnau, Inbegriff des Barock am Bodensee
Die Marien-Wallfahrtskirche Birnau, 1746 bis 1750 unter Abt Anselm II. durch das Kloster Salem erbaut, kann inmitten von Reben und Obstgärten, zwischen Wald und See, als Inbegriff der gängigen Vorstellung von barocker Bodenseelandschaft gelten. Der schon im 13. Jahrhundert erwähnte Wallfahrtsort befand sich ursprünglich in der Nähe von Nußdorf auf dem Gebiet der Reichsstadt Überlingen und wurde wegen Streitigkeiten mit dieser hierher nach Neu-Birnau verlegt. Drei hervorragende Künstler schufen die Kirche gemeinsam: der Vorarlberger Baumeister Peter Thumb, der aus dem Wessobrunner Kreis stammende Bildhauer und Stukkator Joseph Anton Feuchtmayer, dessen Werkstatt im nahen Mimmenhausen stand, und der Augsburger Maler Gottfried Bernhard Göz. Ihrem genialen Einverständnis verdankt die Kirche den beschwingten Zusammenklang von Raum, bildnerischer Gestaltung, Lichtführung und Farbe, der sie zu einem Gesamtkunstwerk des Barock von europäischem Rang macht. Der 1755 von Feuchtmayer vorgelegte Plan einer Freitreppe vom See herauf wurde nicht verwirklicht.

39 Schloß Salem, die ehemalige Reichsabtei der Zisterzienser
Ihre mehr als 800jährige Geschichte läßt sich am Bild der ehemaligen Reichsabtei der Zisterzienser im Linzgau ablesen. 1134 im Zuge der mit dem Namen Bernhard von Clairveaux verbundenen Reformbewegung gegründet, übte das Kloster eine große Anziehungskraft aus, während ältere Abteien verfielen. Das gotische Münster, noch heute das beherrschende Bauwerk der Gesamtanlage, entsprechend zisterziensischer Einfachheit nur von einem Dachreiter gekrönt, wurde 1297 begonnen, von den Mönchen eigenhändig errichtet und 1414, zu Beginn des Konstanzer Konzils, geweiht. Nur das Münster und der im wesentlichen in der Renaissance entstandene »Lange Bau«, der das Areal nach Nordwesten abschließt, überdauerten den verheerenden Brand von 1697, der zugleich den Beginn des barocken Salem bezeichnet. Die vermögende Reichsabtei suchte im 18. Jahrhundert klösterliche Einfachheit und reichsständische Repräsentation miteinander zu verbinden. Die großzügige Anlage mit den drei Innenhöfen baute der Vorarlberger Franz Beer von Bleichten 1697 bis 1706, das Untere Tor und der Marstall wurden Mitte des 18. Jahrhunderts vom älteren Bagnato errichtet. An der Ausschmückung im Inneren waren die bedeutendsten Bildhauer, Stukkatoren und Maler der Landschaft beteiligt, u. a. die Schmuzer, Vater und Sohn Feuchtmayer, Johann Georg Dirr, Franz Joseph Spiegler, Gottfried Bernhard Göz, Andreas Brugger. Die Alabasterausstattung des Münsters kennzeichnet den Übergang vom Rokoko zum Klassizismus. Nach der Säkularisation kam das Kloster 1802 an das Haus Baden. Die Gebäude dienen zum Teil der 1920 von Kurt Hahn gegründeten

Schloßschule und beherbergen Museen zur Kunst- und Kulturgeschichte des Klosters sowie ein Feuerwehrmuseum.

40 *Der mittelalterliche Kern der Reichsstadt Überlingen*
Der frühe Mittelpunkt des Alamannenherzogtums am Bodensee, wo der Überlieferung nach schon Anfang des 7. Jahrhunderts Herzog Gunzo seinen Sitz hatte, war um 1180 unter Barbarossa Ausgangspunkt für eine planmäßige Stadtanlage und wurde 1275 freie Reichsstadt. Die im 14. Jahrhundert ausgebildete Zunftverfassung wurde zum Vorbild für viele oberdeutsche Reichsstädte. Mittelpunkt der Altstadt ist das spätgotische Münster (1350–1562), von dem nur der Nordturm auf die volle Höhe gebracht wurde. Der Hochaltar im Münster (1613–1616) ist eines der bedeutendsten Schnitzwerke der Familie Zürn. Jörg Zürn war seit 1606 Leiter der Überlinger Bildhauerwerkstatt. Vom Münster seewärts schließt sich das innen reich ausgestattete gotische Rathaus an. Am oberen Ende der vom See heraufkommenden Franziskanerstraße, einer Hauptachse der alten Stadt, steht die gotische, um 1750 barockisierte Franziskanerkirche. Die ganze, großenteils sorgfältig restaurierte Altstadt läßt noch heute die mittelalterliche Bedeutung Überlingens erkennen, das vom Weinbau und vom Kornhandel reich geworden war. Neben Ulm galt es als einer der bedeutendsten Getreidemärkte weit und breit. Am Gredhaus – links unten im Bild sieht man den Neubau des jüngeren Bagnato von 1788 mit dem mächtigen Dach – konnten die Schiffe unmittelbar anlegen, um die begehrte Fracht für die Schweizer Häfen zu laden.

41 *Die Bischofsstadt Meersburg und ihre Schlösser*
Die Luftaufnahme kann den einzigartigen Eindruck der Lage Meersburgs hoch über dem See nicht wiedergeben, dafür läßt sie uns in das enge Gefüge von Altstadt, Burg und Schloßbauten hineinschauen, das in einem Jahrtausend gewachsen ist. Es bot sich schon früh an, den Bodensee hier an dieser engen Stelle zu überqueren. Mit einiger Wahrscheinlichkeit könnte daher der die mittelalterliche Burganlage (untere Bildhälfte rechts) überragende Dagobertsturm mit den Staffelgiebeln in seinen Grundmauern wirklich schon auf das 7. Jahrhundert und die Merowinger zurückgehen. Die erste urkundliche Erwähnung ist 988 datiert, das Stadtrecht 1299. In der Folge der Reformation in Konstanz verlegte der Bischof 1526 seinen Sitz nach Meersburg. Die im 18. Jahrhundert aufgeführten Barockbauten – beginnend mit dem Priesterseminar (heute Aufbaugymnasium) im Bild links oben, gekrönt vom Neuen Schloß, an dem auch Balthasar Neumann mitwirkte (Bildmitte) – sollten dem Mittelpunkt des größten deutschen Bistums, das ein ansehnliches Territorium am Bodensee beherrschte, gerecht werden. Unter- und Oberstadt erhielten vom 14. bis zum 17. und teilweise noch im 18. Jahrhundert ihr malerisches Gepräge. Durch den Germanisten Laßberg, der 1838 die auf Abbruch angebotene Burg kaufte, und die Dichterin Annette von Droste-Hülshoff ist Meersburg mit der Literatur der deutschen Romantik eng verbunden.

42 *Spuren der Geschichte im Kern der Stadt Markdorf*
Wohl schon im 6. Jahrhundert als fränkische Grenzbefestigung – Mark-Dorf – gegründet, 817 erstmals erwähnt und seit 1414 im Besitz des Konstanzer Bischofs, war Markdorf im späten Mittelalter eine durch Weinbau und Leinwandweberei blühende Stadt. Der historische Baubestand wurde größtenteils bei einem Stadtbrand 1842 vernichtet. Die Pfarrkirche St. Nikolaus aus dem 14. Jahrhundert besitzt eine von Schmuzer stuckierte barocke Seitenkapelle sowie einige bedeutende Bildwerke aus Renaissance und Barock. Außer dem gleichfalls im 14. Jahrhundert errichteten Schloß mit Staffelgiebel und barokkem Anbau (links im Bild) blieben drei Tortürme der alten Stadtbefestigung erhalten.

43 *Frenkenbach, romanisches Kirchlein in den Obstgärten*
Im idyllischen Hagnauer Hinterland, am Rand der Obstplantagen, liegt die kleine romanische Chorturmkirche St. Oswald aus der ersten Hälfte des 13. Jahrhunderts. Mit ihrem Bruchsteinmauerwerk und den Sandsteinquadern an der Chorbogenwand vermittelt sie einen unverfälschten Eindruck vom ländlichen Kirchenbau der romanischen Zeit.

44 *Schloß Friedrichshafen, ehemaliges Benediktiner-Priorat Hofen*
Die Abtei Weingarten ließ 1695 bis 1702 ihr im Dreißigjährigen Krieg niedergebranntes Priorat Hofen durch den Vorarlberger Baumeister Christian

Thumb neu aufbauen. Die Kirche St. Andreas, im Inneren mit dem Plan Obermarchtals verwandt, zeigt den weißen Stuck der Schmuzer aus Wessobrunn. Schloß und königlich württembergische Sommerresidenz wurde Hofen erst nach der Säkularisation und dem Zusammenschluß mit der nahen Reichsstadt Buchhorn im Jahre 1811 unter dem Namen Friedrichshafen. Seit 1812 dient die Kirche der evangelischen Gemeinde. Das Kloster wurde 1824 bis 1830 für den neuen Zweck innen umgebaut, zu einer Zeit, als man für die Kunst des Barock wenig Verständnis hatte. Es ist heute im Besitz des Herzogs von Württemberg.

45 *Renaissanceschloß Wolfegg im oberschwäbischen Hügelland*
So beherrschend das Schloß der Fürsten von Waldburg, Wolfegg und Waldsee sich hoch über dem Tal der Wolfegger Aach erhebt, so selbstverständlich wird es vom Luftbild in das oberschwäbische Hügelland östlich des Altdorfer Waldes eingefügt. Der vierflügelige Renaissancebau wurde nach Zerstörung am Ende des Dreißigjährigen Krieges wieder aufgebaut, jedoch im Inneren zum Teil barock ausgestaltet. Die Schloßkirche von Johann Georg Fischer zählt zu den prächtigsten des oberschwäbischen Barock. Geologisch bedeutsam ist der Durchbruch der Aach zwischen Wolfegg und Alttann durch den von den Gletschern aufgeschütteten Höhenzug. Die schleifenartigen Waldgruppen in der linken Bildmitte verbergen den nun westlich zur Schussen ziehenden Lauf der Aach, kleine Seen, Weiher, Riede.

46 *Die mittelalterliche Waldburg im Altdorfer Wald*
Auf der höchsten Moränenkuppe (772 m) mit dem weiten Blick über das oberschwäbische Hügelland bis zum See war sicher schon früh eine Befestigung. In die Geschichte traten die Burg und das nach ihr benannte Ministerialengeschlecht im 12. Jahrhundert. Unter den Staufern wurden die Waldburger Truchsessen. Nach der Krönung Friedrichs II. wurden die Reichsinsignien mehr als 20 Jahre lang auf der Waldburg aufbewahrt. Mitte des 16. Jahrhunderts wurde die Waldburg, möglicherweise nach Zerstörung im Bauernkrieg, wieder aufgebaut. Auch ein großer Teil der Innenausstattung stammt aus dieser Zeit.

47 *Tettnang, das letzte Schloß der Grafen von Montfort*
Beherrschend liegt das vierflügelige Schloß, das die Tettnanger Altstadt nach Westen hin abschließt, über der Mündungsebene der Schussen. An der Stelle einer im Dreißigjährigen Krieg zerstörten Burg als Neues Schloß errichtet, hatte es eine wechselvolle Baugeschichte und war entscheidend am finanziellen Ruin der Grafen von Montfort beteiligt. Der Hauptgläubiger Österreich übernahm die Grafschaft 1780. 1712 bis 1720 erbaut, fiel das Schloß 1753 einem Brand zum Opfer. In den folgenden Jahren bis 1770 wurde es wieder aufgebaut und von den hervorragendsten Künstlern, die damals am Bodensee tätig waren, ausgestattet: Joseph Anton Feuchtmayer, Johann Georg Dirr, Andreas Moosbrugger, Martin Kuen, Johann Joseph und Angelika Kauffmann, Andreas Brugger. Im Zuge der 1982 abgeschlossenen Renovierung wurde der seit dem Brand nicht mehr wiederhergestellte Rittersaal als Konzertsaal ausgebaut. Die Beletage ist als Schloßmuseum zugänglich.

48 *Ravensburg, die große Handelsstadt des Mittelalters*
Auf einen Blick erzählt das Luftbild die Geschichte des mittelalterlichen Ravensburg. Die Veitsburg, ein Bau des 18. und 19. Jahrhunderts, steht an der Stelle, die Welf IV. – u. a. Herzog von Bayern und im Investiturstreit Gegner des Kaisers – sicherer erschien als Altdorf (Weingarten), wo die Welfen seit dem 9. Jahrhundert saßen. Er baute dort 1088 die Ravensburg. Der nach ihr benannten rasch aufblühenden Marktsiedlung am Fuß des Burgberges entspricht noch die heutige Marktstraße, am oberen Ende durch das Obertor (1490) und den Mehlsack (um 1350), das Wahrzeichen der Stadt, markiert, am unteren durch das Rathaus (14. Jh.) mit dem daneben stehenden Blaserturm (1550), beide links oberhalb der Bildmitte. Um 1250 wurde die Stadt nach Norden erweitert. Damals entstand auch das erste Kirchlein am Platz der heutigen Liebfrauenkirche (ab 1360) – Bildmitte links.
Schon Mitte des 14. Jahrhunderts wurde dann nach Westen ein wesentlich größeres Areal mit damals noch viel freiem Gelände in einen neuen Mauerring einbezogen. Seine Türme – z. B. der Gemalte Turm (unterer Bildrand, Mitte), Grüner Turm und Frauentor (Mitte links), Untertor und Spitalturm (Mitte rechts) – geben dem Stadtbild noch heute das Gepräge

ge. Die Großzügigkeit dieser Neuplanung entsprach der wachsenden Bedeutung der Stadt im oberdeutschen Handel. Als erstes deutsches Handelsunternehmen von europäischer Bedeutung war von 1450 bis 1530 die aus der Bürgerschaft hervorgegangene Große Ravensburger Handelsgesellschaft tätig, die Niederlassungen vor allem in den Mittelmeerländern unterhielt und Reichtum in die Stadt brachte. Aber Ravensburg, dessen farbenfroher Markt noch immer jeden Samstag (der schon 1286 privilegierte Markttag) viele Menschen anzieht, war auch damals ein regional wichtiger Handelsplatz. Man überbaute daher bei der Stadterweiterung im 13. Jahrhundert das durch die Einebnung des alten Stadtgrabens nach Westen entstandene Gelände nicht, sondern hielt es für Märkte frei: Es entstand der heutige Marienplatz, der sich als unregelmäßige Folge von Plätzen vom Frauentor am Rathaus und am Kornhaus vorbei nach Süden zieht.
An den im 19. Jahrhundert aufgefüllten Stadtgräben, die heute Platz für eine großzügige Verkehrsführung bieten, beginnt das neue Ravensburg. Eine Anzahl seiner Industriebetriebe wurde schon Mitte des vorigen Jahrhunderts gegründet. Ravensburg hat heute über 40000 Einwohner.

49 *Benediktinerabtei Weingarten und das »Schwäbische St. Peter«*
Längst hat das Häusermeer der Stadt das Kloster eingeholt, das die Welfen Mitte des 11. Jahrhunderts auf dem Martinsberg mitten in den »Weingärten« über ihrem ursprünglichen Sitz Altdorf anlegten. Das romanische Münster des 12. Jahrhunderts, einer der bedeutendsten Kirchenbauten der Zeit, wurde 1715 abgerissen, um der heutigen Anlage Platz zu machen. Man kennt von der größten Barockkirche diesseits der Alpen vor allem das Bild der mächtigen Doppelturmfassade hoch über der Stadt, die Donato Giuseppe Frisoni entwarf. Er war auch der Baumeister der gewaltigen Kuppel, die der Weingartner Basilika den Namen eines Schwäbischen St. Peter einbrachte. Am Gesamtkonzept von Kirche und Kloster waren vor allem Kaspar Moosbrugger und Franz Beer beteiligt. Die an der Schwelle des Rokoko stehende Innenausstattung ist vom Stuck des Wessobrunners Franz Xaver Schmuzer und von den Fresken Cosmas Damian Asams geprägt. Unser Luftbild zeigt die äußere Schale der schwungvollen Architektur und macht deutlich, wie die Kirche als thronende Mitte in die Bauten von Abtei und Konvent eingebunden wurde. Erst 120 Jahre nach der Säkularisation von 1802 konnten die Benediktiner das Kloster wieder in Besitz nehmen. Heute wird ein großer Teil der Konventbauten, ergänzt durch einige neue Gebäude (Bildmitte), von der Pädagogischen Hochschule genutzt.

50 *Wangen, farbenprächtige Reichsstadt im Allgäu*
Die freie Reichsstadt im Allgäu, groß geworden durch Leinwandgewerbe, Sensenschmiede und den Fernhandel, hat einige Straßenzüge ihres historischen Stadtbilds in eindrucksvoller Geschlossenheit erhalten können: Zwei prächtige Tore am Ende der Paradiesstraße und der Herrenstraße, den geräumigen Marktplatz, flankiert von der gotischen Pfarrkirche, dem Renaissancepalast einer Kaufmannsfamilie und dem barocken Rathaus, vor allem aber die vielen großen und kleinen Gebäude, die zierlichen Fassaden, die schlanken Giebel, die gewichtigen Dächer, die Höfe, die Brunnen. Die Jahrhunderte vom Mittelalter bis ins Barock umgeben den Betrachter in schönster Harmonie.

51 *Vor 1000 Jahren St. Gallische Seefestung: Wasserburg*
Das sommerliche Bild mit dem Dampfer (der freilich längst ein Dieselmotorschiff ist) am Landesteg entspricht der geläufigen Vorstellung vom malerischen Wasserburger Kirchlein auf der schmalen Halbinsel zwischen Nonnenhorn und Bad Schachen. Aber schon im 8. Jahrhundert ist in Urkunden von einer Wasserburg auf einer dem Ufer vorgelagerten Insel die Rede. Später war es eine St. Gallische Kirchenburg, wo das Kloster während des Ungarneinfalls 926 Schüler und Lehrer der Klosterschule in Sicherheit brachte. Noch im 14. Jahrhundert spielte die »Veste« eine Rolle. Im 15. und 16. Jahrhundert gehörte die Herrschaft Wasserburg den Montfortern, danach den Fuggern, die 1720 den Graben zum Land hin zuschütten ließen. Nach einem österreichischen Zwischenspiel kam Wasserburg 1802 an Bayern. Die Kirche, deren Wehrmauern zum See hin heute nur noch den dörflichen Friedhof schützen, ist in den Jahrhunderten oft verändert worden. Zu den ältesten Teilen gehören der Turm, dessen Haube aber aus

dem 17. Jahrhundert stammt, und der um 1400 erbaute Chor. Die dreischiffige Halle, von kräftigen Rundpfeilern getragen, entstand um 1500 und ist voller Erinnerungen an Hochwasser, Seegfrörnen, Brände. Das Licht des Sees gibt dem Figurenschmuck einen besonderen Glanz.

52 *Wo Feuchtmayer wohnte: Der Killenweiher bei Mimmenhausen*
Der südöstlichste der Salemer Klosterweiher, der an der Straße von Unteruhldingen nach Mimmenhausen rechter Hand für einen Augenblick sichtbar wird, steht für das traumhafte Zusammenspiel von Wasser, Wald und Hügeln in dieser Drumlinlandschaft. Er ist aber auch ein kunstgeschichtlich bedeutsamer Ort. Auf der kleinen Halbinsel im Bildhintergrund, die erst in neuerer Zeit auch mit dem Nordufer durch einen Damm verbunden wurde, wohnte von 1721 bis zu seinem Tode 1770 Joseph Anton Feuchtmayer, der große Bildhauer und Stukkator der Mimmenhauser Werkstatt. Viele Ideen, die er in Meersburg, Birnau, Salem, Weingarten, Tettnang, St. Gallen – um nur einige Namen aus seinem großen Wirkungskreis zu nennen – ausführte, mögen in der heiteren Gelassenheit dieser Landschaft ihren Ursprung haben.

53 *Mittelalter und Barock auf der Insel Lindau*
Die beiden Kirchen, die den Marktplatz östlich begrenzen, sprechen für ein Jahrtausend Stadtgeschichte auf der Bodenseeinsel. Neben der Marienkirche des im Jahre 810 gegründeten Kanonissinenstifts, einer ursprünglich romanischen Basilika des 12. Jahrhunderts und heute katholische Stadtpfarrkirche, steht St. Stephan, die Kirche der um 1180 entstandenen Bürgersiedlung, gleichfalls romanischen Ursprungs, seit dem Übergang Lindaus zur Reformation 1528 Kirche der evangelischen Gemeinde. Beide zeigen sich heute in barocker Gestalt und repräsentieren das Miteinander der Konfessionen in den oberschwäbischen Reichsstädten, zu denen Lindau seit dem 13. Jahrhundert gehörte. Die sogenannte Heidenmauer (im Bild ganz unten) ist wohl der Rest der Stiftsbefestigung aus dem 10. Jahrhundert. Die ehemalige Barfüßerkirche aus dem 13. Jahrhundert (rechts oben) wurde vor etwa 100 Jahren als Stadttheater umgebaut. Lindaus besonderer Reiz liegt in dem wohlerhaltenen historischen Stadtbild und in der vorgeschobenen Lage am Rande der Bregenzer Bucht.

54 *Vorarlbergs Landeshauptstadt Bregenz, schon vor 2000 Jahren besiedelt*
Zu Füßen des 1064 Meter hohen Pfänder am Rande des Bregenzer Waldes gelegen, zählt die Vorarlberger Landeshauptstadt zu den kulturgeschichtlich bedeutsamsten Plätzen am Bodensee. Vor der römischen Stadt Brigantium, die vom 1. bis 4. Jahrhundert auf der Hochfläche des heutigen Ölrain bestand und durch umfangreiche Ausgrabungen dokumentiert ist, gab es eine in vorgeschichtliche Zeit zurückreichende Keltensiedlung mit einer Stadtburg auf dem Hügel der Oberstadt. Keltischen Ursprungs ist auch der Name. Anfang des 7. Jahrhunderts begann von hier aus die Christianisierung durch die iroschottischen Mönche. Seit der Karolingerzeit amteten die Grafen von Bregenz. Ihnen folgten die Montforter, die im 15. und 16. Jahrhundert die Grafschaft an Österreich verkauften. Das Kloster Mehrerau (rechts im Vordergrund des Bildes) wurde 1097 von den Benediktinern gegründet. Seit 1854 leben dort Zisterzienser. Sie kamen aus der kurz zuvor aufgelösten Zisterze Wettingen im Aargau, die 1227 von Salem aus gegründet worden war. Von der Mehrerau aus wird heute Birnau betreut, die ehemalige Wallfahrtskirche des Klosters Salem: Ein Ring hat sich geschlossen. Zu den zahlreichen Hochhäusern in den neueren Bregenzer Stadtteilen hat sich am Südufer der Bucht das Festspielhaus gesellt, Schlechtwetterunterkunft für die sommerlichen Aufführungen auf der berühmten Seebühne.

55 *Das Reichskloster St. Gallen im Ring der mittelalterlichen Stadt*
Wie weit scheint uns das Bild der Kathedrale, umschlossen vom klar umgrenzten Kern der mittelalterlichen Stadt, entfernt von jenem Jahr 612, als der Einsiedler Gallus hier, mitten im Urwald am Rand des Alpsteingebirges, seine Zelle gründete! Die benediktinische Tradition St. Gallens geht auf 719 und Abt Otmar zurück. Vom 9. bis ins 12. Jahrhundert war das Galluskloster durch die Pflege der Wissenschaften und Künste – neben Theologie, Sprachwissenschaft, Heilkunde, Dichtung, Buchmalerei – ein

Mittelpunkt abendländischer Kultur. Die Marktsiedlung wurde 1180 freie Reichsstadt, der Abt 1206 Reichsfürst. Das schon im Mittelalter hochentwickelte Tuchgewerbe regte den Fernhandel an und gab im 18. Jahrhundert den Anstoß für die St. Galler Stickerei. 1755, gerade ein halbes Jahrhundert vor der Aufhebung des Klosters, begannen die barocke Neugestaltung der Abtei und der großartige Neubau der Kirche, deren mächtige Rotunde noch einmal den Mittelpunkt der Herrschaft St. Gallen repräsentieren sollte. Unter den Baumeistern war an hervorragender Stelle der Vorarlberger Peter Thumb beteiligt, der auch die Stiftsgebäude, östlich und südlich der Kathedrale, um- und ausbaute, darunter auch den berühmten Bibliothekssaal. In den Konventsgebäuden ist heute u. a. die St. Gallische Kantonsregierung untergebracht.

56 *Sichtbare Geschichte: Die 1000jährige Bodenseemetropole Konstanz*

Aus ähnlicher Sicht hat Merian 1633 Konstanz dargestellt. Die entscheidenden Veränderungen des Stadtbilds an See und Rhein sind erst seit der Mitte des vorigen Jahrhunderts eingetreten. Der Befestigungsgürtel, viele historische Gebäude und die meisten Tore wurden abgebrochen. Das Material diente teilweise zur Auffüllung des Stadtgartengeländes, in das auch die Klosterinsel mit dem heutigen Inselhotel einbezogen wurde.
Im Jahre 1236 hatte sich der junge Predigerorden der Dominikaner auf der kleinen Insel vor dem Festland niedergelassen. Von der Bausubstanz des Klosters aus dem 13. und 14. Jahrhundert ist vor allem der gotische Kreuzgang erhalten, zwischen 1310 und 1339 Ort der Besinnung für den aus Konstanz stammenden berühmten Mystiker Heinrich Seuse, heute extravagante Verkehrsfläche im Hotelbetrieb. Im Jahre 1837 wurde hier Ferdinand Graf Zeppelin geboren, der spätere Luftschiffkonstrukteur, dessen Familie mütterlicherseits im 1785 säkularisierten Kloster eine Kattunmanufaktur betrieb. Damals lag die Insel noch außerhalb der Mauern und war nur über eine Brücke zu erreichen. Die Nutzung des Klosters als Hotel begann 1875 und hatte im Lauf der Zeit mehrere Umbauten zur Folge.
In der Bildmitte, Kern der Altstadt, sieht man von der Chorseite her das Münster Unserer Lieben Frau, Bischofskirche bis 1827. Es wurde in der Nachfolge mehrerer älterer Kirchen im 11. Jahrhundert auf dem Hügel des ehemaligen Römerkastells als romanische Basilika errichtet und in den folgenden Jahrhunderten von der Gotik bis hin zum Barock immer wieder ergänzt und verändert. Es zählt zu den ehrwürdigsten Kirchen der Landschaft. Hier fanden 1414 bis 1418 die Beratungen des Konzils statt. Erst nach 1850 wurde die neugotische Turmspitze auf das dreigliedrige Westwerk gesetzt. Noch älter als das Münster ist wohl die bereits im frühen 7. Jahrhundert erwähnte Pfarrkirche St. Stephan (in der Mitte der linken Bildhälfte), die vielleicht auf eine spätantike Friedhofskirche zurückgeht.
Zwischen 1858 und 1861 wurde die alte Holzbrücke über den Rhein durch eine neue Brücke (rechter Bildrand) ersetzt, zugleich für die Eisenbahn, die im Bereich der abgebrochenen Stadtmauer bis zum Hafen geführt werden konnte und 1863 eröffnet wurde. Für den Bedarf der Dampfschiffahrt wurde der Hafen 1890 erweitert. Eine Vorstellung vom historischen Konstanzer Hafenbetrieb vermittelt uns die Landzunge vor dem sogenannten Konzil. Hier befand sich, von drei Seiten für anlegende Schiffe zugänglich, der Stapelplatz für Waren, die für das 1388 errichtete, baulich kaum veränderte Kaufhaus bestimmt waren oder von dort zur Verladung kamen. Im Kaufhaus fand während des Konzils 1417 das Konklave zur Papstwahl statt. Das jenseits des Rheins gelegene Petershausen, wo die barocken Gebäude des 933 gegründeten reichsfreien Benediktinerklosters als Kaserne benutzt werden, hat sein mittelalterliches Gesicht gänzlich verloren. Im Bildhintergrund ist die seit 1975 erbaute zweite Rheinbrücke zu erkennen, als Autobahnbrücke gedacht und 1982 dem innerstädtischen Verkehr freigegeben.

57 *Harte Eingriffe in den mittelalterlichen Stadtkern: Radolfzell*

Das Münster Unserer Lieben Frau, 1436 bis 1466 unter Einbeziehung von Bauresten aus dem 13. und 11. Jahrhundert erbaut, steht mit einiger Wahrscheinlichkeit auf dem Platz jener Holzkirche, die 826 von dem in der Reichenauer Klosterschule erzogenen Bischof Radolf von Verona bei einem Reichenauer Klosterhof errichtet worden war. Das Kloster verkaufte die kurz zuvor zur Stadt erhobene, als regelmäßiges Rechteck ummauerte Marktsiedlung 1296 an Österreich. Vom stolzen spätmittelalterlichen Bild der befestigten Stadt mit Mauern, Bastionen und Schanzen, mit fünf Toren und sieben, fast durchweg zwölf Meter hohen Türmen hat das 19. Jahrhundert kaum etwas übriggelassen. Die Bahn (im Bild links unten) wurde 1860 an der Südseite der Stadt auf Gelände verlegt, das man mit dem Abbruchmaterial der alten Befestigungen dem See abgewonnen hatte. Der Stadtkern gibt dennoch ein anschauliches Bild der Radolfzeller Geschichte. Halblinks, dem Westportal des Münsters schräg gegenüber, steht das Ritterschaftshaus aus dem 16. Jahrhundert, Zentrale des mächtigen Hegau-Kantons der schwäbischen Ritterschaft zu »St. Jörgen Schild«. Für Erzherzog Leopold Wilhelm begann die Stadt 1626 mit dem Bau des sogenannten Österreichischen Schlößchens (rechts neben dem Münsterchor), aber der Krieg ließ die Fertigstellung erst Anfang des 18. Jahrhunderts zu. Unter den zahlreichen erhaltenen Gebäuden aus dem späten Mittelalter fallen die vielen Gasthöfe auf. Sie sprechen für die Bedeutung des Handels, dessen Mittelpunkt einst Salzhof und Gredhaus beim Seetor südlich des Münsters bildeten.

58 *Reichenau-Mittelzell, das Kloster Pirmins in der Gestalt des 17. Jahrhunderts*
Das Münster von Mittelzell, in der Bildmitte deutlich erkennbar am romanischen Westwerk (1027–1048) und am gotischen Chor (1447–1477), verkörpert mehr als 1200 Jahre Reichenauer Tradition. An dieser Stelle baute 724 Pirmin die erste Kirche, die dann bis ins 11. Jahrhundert immer wieder erweitert und umgestaltet wurde. Noch in der ersten Hälfte des 8. Jahrhunderts entstanden die Anfänge der Klosterbauten an der Seeseite, die zu Beginn des 17. Jahrhunderts abgebrochen und durch die noch vorhandene dreiflügelige Anlage auf der Südseite des Münsters ersetzt wurden. Spätestens seit dem Ende des 9. Jahrhunderts gingen die Arbeiten am Mittelzeller Marien- und Markusmünster Hand in Hand mit den Bauten in Oberzell (St. Georg, Fresken um 980) und Niederzell (Peter und Paul, Fresken um 1150). Später abgetragen wurden außer der Pfarrkirche St. Johann noch mehr als ein Dutzend über die Insel verteilte Kapellen. Unter den Karolingern erlebte die Reichenau ihr goldenes Zeitalter, bildete ein Zentrum abendländischer Kunst und Wissenschaft mit weiter Ausstrahlung und übte zeitweilig auch gewichtigen politischen Einfluß aus. Den Grundstock der berühmten Reichenauer Bibliothek soll schon Pirmin gelegt haben. Seine Nachfolger, insbesondere die Äbte des 9. Jahrhunderts, ergänzten sie. Alle erreichbaren wichtigen Handschriften wurden sorgfältig abgeschrieben und kunstvoll illustriert. Mit über 400 Bänden besaß die Reichenau damals eine der vollständigsten Bibliotheken des Abendlandes. Die Klosterschule bildete eine Reihe bedeutender Persönlichkeiten heran, so den Dichter Walahfrid und später den Historiker und Musikwissenschaftler Hermann den Lahmen. Abt Heito III. spielte um die Wende zum 10. Jahrhundert als Erzkanzler eine wichtige Rolle in der Reichsgeschichte. Der Verfall des Klosters Reichenau setzte im 12. Jahrhundert ein. Schließlich ging es nur noch um die Besitzungen, die 1538 endgültig dem Bischof von Konstanz zugesprochen wurden.

59 *Steckborn, reichenauische Gründung am Untersee*
Die Reichenauer Äbte waren in der Spätzeit des Inselklosters vor allem darauf bedacht, ihren Besitz zu beiden Seiten des Untersees zusammenzuhalten. Als Mittelpunkt am thurgauischen Ufer gründeten sie im 13. Jahrhundert Steckborn, das zu Anfang des 14. Marktrecht erhielt. Die Ummauerung, von der Kirche winkelartig zum See ausgreifend, ist zum Teil noch erhalten. Das stolzeste Baudenkmal, der Turmhof ein Stück seeaufwärts vom Landesteg, dessen markante Silhouette mit Barockhaube und Spitztürmchen von Umbauten im 17. Jahrhundert stammt, ist ein anschauliches Symbol für den inneren Verfall des Klosters Reichenau. Abt Diethelm von Castel, der zwischen 1305 und 1343 noch einmal versuchte, die Regel Benedikts wieder einzuführen, baute sich die Burg am Steckborner Ufer zu seinem Schutz gegen die hochadeligen Kapitelherren seines Konvents, die sich ihre Freiheiten nicht beschneiden lassen wollten. Im 18. Jahrhundert wurde Steckborn berühmt durch einige Hafnerfamilien, von deren kunstvoll bemalten Fayenceöfen sich einer im Kloster Salem befindet.

60 *Begegnung der Zeitalter: Hegauburg Hohenkrähen an der Autobahn*
Es gibt kein besseres Beispiel für den Hegau, für seine geologische Entstehung, seine wechselvolle Geschichte und für die Zusammenhänge zwischen beiden. Der Hohenkrähen (645 m) in seiner freistehenden Kegelform zeigt besonders deutlich, daß die Berge dieser Vulkanlandschaft nichts anderes sind als erstarrte Lavapfropfen, wie sie vor sieben oder acht Millionen Jahren am Ende des Hegauvulkanismus in den Förderschloten stecken blieben. Die Härte dieser Basalte und Phonolite hat die nivellierende Kraft aller folgenden Erdzeitalter überdauert. Seit Menschen im Hegau wohnten, und das war sicher schon in vorgeschichtlicher Zeit, spielten diese Berge eine Rolle: Als Heiligtümer zuerst, als militärische Stützpunkte später. Rund 90 Burgen hat es im Laufe des Mittelalters im Hegau gegeben, der als Kernlandschaft des Herzogtums Schwaben vor allem unter den Staufern eine Rolle spielte. Um 1190 befestigten die Herren von Krayen den Berg, die Friedinger bauten ihn aus. Mit 8000 Landsknechten und schwerem Geschütz legte Jörg Frundsberg 1512 die Burg in Schutt und Asche. Im Dreißigjährigen Krieg wieder aufgebaut, wurde sie von Konrad Wiederholt endgültig zerstört. Der »Poppele«, Burgvogt im 14. Jahrhundert, soll noch immer um den Berg geistern und den Leuten seine Streiche spielen.

37 Die Pfahlbauten bei Unteruhldingen

39 Schloß Salem, die ehemalige Reichsabtei der Zisterzienser

38 (Linke Seite) Birnau, Inbegriff des Barock am Bodensee

41 *Die Bischofsstadt Meersburg und ihre Schlösser*

40 *(Linke Seite) Der mittelalterliche Kern der Reichsstadt Überlingen*

42 Spuren der Geschichte im Kern der Stadt Markdorf

43 *Frenkenbach, romanisches Kirchlein in den Obstgärten*

45 Renaissanceschloß Wolfegg im oberschwäbischen Hügelland

44 (Linke Seite) Schloß Friedrichshafen, ehemaliges Benediktiner-Priorat Hofen

46 Die mittelalterliche Waldburg im Altdorfer Wald

47 Tettnang, das letzte Schloß der Grafen von Montfort

48 *Ravensburg, die große Handelsstadt des Mittelalters*

49 Benediktinerabtei Weingarten und das »Schwäbische St. Peter«

50 (Linke Seite) Wangen, farbenprächtige Reichsstadt im Allgäu

51 Vor 1000 Jahren St. Gallische Seefestung: Wasserburg

52 Wo Feuchtmayer wohnte: Der Killenweiher bei Mimmenhausen

53 Mittelalter und Barock auf der Insel Lindau

54 Vorarlbergs Landeshauptstadt Bregenz, schon vor 2000 Jahren besiedelt

55 *Das Reichskloster St. Gallen im Ring der mittelalterlichen Stadt*

56 Sichtbare Geschichte: die 1000jährige Bodenseemetropole Konstanz

57 Harte Eingriffe in den mittelalterlichen Stadtkern: Radolfzell

59 *Steckborn, reichenauische Gründung am Untersee*

58 *(Linke Seite) Reichenau-Mittelzell, das Kloster Pirmins in der Gestalt des 17. Jahrhunderts*

60 Begegnung der Zeitalter: Hegauburg Hohenkrähen an der Autobahn

Zwischen gestern und morgen

Industrie und Landschaft: Am Bodensee scheint dieser Gegensatz aufgehoben. Ein blauer See als Spiegel des unendlichen Himmels, von grünem Bergland umgeben, reich an Wiesen und Wäldern, an Obst und Wein, ein Freizeitparadies im Anblick der Alpen, durch moderne Verkehrsmittel auch den Zentralräumen im Umkreis von mehreren hundert Kilometern greifbar nahe gerückt – was will man mehr? Zugleich hat alemannischer Fleiß, hat schwäbische Tüchtigkeit Industriezentren von weit überregionaler Bedeutung entstehen lassen. Erzeugnisse aus Stahl und Leichtmetall, Motoren und Maschinen, Elektronik, Textilien, Kunststoffprodukte, optische Instrumente gehen von hier in die Welt. Es gibt weniger Arbeitslose, im Durchschnitt höhere Löhne und eine Lebenshaltung, die gerade in bezug auf das Wohnen breiter Bevölkerungsschichten andere Gebiete deutlich in den Schatten stellt. Die Landschaft und ihr Freizeitwert machen einen Arbeitsplatz am Bodensee besonders begehrt. Die für die Industrie wichtige Verkehrserschließung kommt auch dem Fremdenverkehr zugute; eine ideale Ergänzung also, zumal der Tourismus allein so wenig als Lebensgrundlage der Bevölkerung ausreichen würde wie die hochspezialisierte Landwirtschaft.

Wie der Fisch im Wasser

Doch manches ist fragwürdig unter der schönen Oberfläche; ganz wörtlich genommen zum Beispiel in Sachen Fischbestand. Zwar sind die Blaufelchenfänge im Durchschnitt der Jahre mit dem zunehmenden Nährstoffangebot größer geworden. Das verschleiert aber zwei Tatsachen: Der gesamte Fischbestand wird heute nur durch den künstlichen Einsatz von Fischbrut gewährleistet, und der Anteil der Blaufelchen ist im Vergleich zu den Barschen und Weißfischen seit Jahren rückläufig. Die Eutrophierung des Sees – das ist der Übergang vom nährstoffarmen in ein nährstoffreiches Gewässer – hat die Lebensbedingungen für Edelfische rapide verschlechtert. Vielleicht könnte man darüber hinwegsehen, ginge es nur um die Existenz der wenigen Berufsfischer und um die Versorgung der Gastronomie, die ihre Spezialitäten ja auch importieren kann. Aber der Fischbestand ist nun einmal der unbestechlichste Indikator für die Güte eines Gewässers. Von ihr hängt am Bodensee noch einiges mehr ab.

Die Veränderung des Sees hat sich seit den fünfziger Jahren bedrohlich beschleunigt. Plötzlich war der rasche Wandel in Zusammensetzung und Masse des Planktons nicht mehr zu übersehen. Die Sichttiefe im Uferbereich nahm ab, die Wysse – das Wort kommt von weiß – zeigte mehr und mehr die inzwischen gewohnte grüne Farbe. Es war die Zeit des Wirtschaftswachstums nach dem Zweiten Weltkrieg. Industrie und Gewerbe begannen zu florieren. Der Anspruch an Wohnen und den Komfort persönlicher Lebenshaltung stieg in bisher nie geahnte Höhen.

Auf der Suche nach den Ursachen der Wasserverschlechterung genügt es nicht, den See und seine unmittelbare Uferzone ins Auge zu fassen. Im Bodensee sammelt sich das Wasser aus einem zwanzigmal größeren Einzugsgebiet. Im östlichen Obersee, wo 97 Prozent der Zuflußmenge einströmen, ist daher die Abwasserbelastung am größten. Auch die Ablagerungen von Kohlenwasserstoffen am Seegrund, die langfristig als besondere Gefährdung der Wasserqualität gelten, kommen in erheblichem Umfang bereits in den Zuflüssen vor.

Alle sind beteiligt

Wer in diesem Zusammenhang die Sportschiffahrt als Hauptschuldigen aufs Korn nimmt, macht es sich zu einfach und lenkt den Blick von den eigentlichen Gefahrenquellen

ab. Ebensowenig können Industrie und Gewerbe allein verantwortlich gemacht werden. Letzten Endes sind nämlich alle, die diese Landschaft dauernd oder auch nur kurzfristig nutzen, an ihrer Belastung beteiligt: auch Gastronomie und Fremdenverkehr, auch die Haushalte mit ihrer hochspezialisierten Technik, auch die Landwirtschaft, auch die Straßen – vom Eintrag schädlicher Stoffe aus der Luft, der längst ein europäisches Problem ist, einmal ganz abgesehen.
Gleichzeitig mit der Zunahme der Belastung haben sich die natürlichen Möglichkeiten der Selbstreinigung vermindert. Jedes Haus, jede Halle, jedes Dach, jede Straße, jede Zufahrt trägt bei zur Verbetonierung des Bodens, reduziert seine Filterwirkung, beschleunigt den Wasserablauf. Mit mancher Ufermauer fällt ein Stück Schilf, und die verbleibenden Schilfbestände gehen an den Veränderungen des Wassers langsam zugrunde; eine Spirale, die sich unaufhörlich nach unten dreht.
Seit Jahren werden imponierende Anstrengungen unternommen, dieser schlimmen Entwicklung durch den Bau von Kläranlagen zu begegnen. Mit rund drei Milliarden DM wird die dafür seither allein am deutschen Ufer aufgewendete Summe beziffert. Aber nicht die Ursachen des Übels werden auf diese Weise angegangen, sondern nur die Auswirkungen. Eine fertige Kläranlage macht meist sogar den Weg frei für neue Bauvorhaben, die ihrerseits wieder neue Belastungen hervorrufen. Da auch die perfektesten Kläranlagen einen gewissen Prozentsatz Verunreinigung weitergeben, gelangen mit zunehmenden Abwassermengen auch wieder mehr Schadstoffe in die Gewässer. Dies alles betrifft nicht nur den See als ein Stück Landschaft, den Badesee, die Fischerei. Als einer der größten Trinkwasserspeicher Europas bildet der Bodensee eine Lebensgrundlage für Millionen von Menschen, vor allem in den dicht besiedelten Gebieten Südwestdeutschlands.
Die Belastung des Wassers ist der Spiegel für die tiefgreifenden Veränderungen, die seit der Mitte des vorigen Jahrhunderts in der Landschaft rund um den Bodensee eingetreten sind. Sie haben ein ganzes Bündel von Ursachen, die unlösbar ineinander verflochten sind und die zu einer Zeit entstanden, als die scheinbare Unerschöpflichkeit der Natur nicht im entferntesten Grenzen ihrer Nutzung erkennen ließ. Schließlich wurde noch in den zwanziger Jahren unseres Jahrhunderts von zuständigen Wissenschaftlern ernsthaft erwogen, dem See zusätzlich Fäkalien zuzuführen, um die Nährstoffproduktion zugunsten eines höheren Fischbesatzes anzuregen.

Industrielandschaft seit über hundert Jahren

Verglichen mit dem Jahr 1860 leben heute zweieinhalb bis dreimal soviel Menschen in der Landschaft um den Bodensee. Nicht der Hang zum angenehmen Leben in einer attraktiven Freizeitregion hat diese Entwicklung Mitte des vorigen Jahrhunderts ausgelöst, sondern die Not. Nehmen wir als Beispiel für die allgemeine Ausgangssituation Vorarlberg, ein Land ohne Bodenschätze und mit dürftigen Voraussetzungen für die Landwirtschaft. Weil sie sich daheim nicht hätten ernähren können, nutzten die Vorarlberger Bauhandwerker im 17. und 18. Jahrhundert die Baukonjunktur in Süddeutschland und in der Schweiz, wo sie mit ihren Barockbauten berühmt wurden. Heute ist Vorarlberg das industriereichste österreichische Bundesland, dessen wirtschaftliche Möglichkeiten noch immer Menschen aus anderen Landesteilen an den Bodensee ziehen. Nur noch vier Prozent der Beschäftigten arbeiten heute in der Landwirtschaft. Der Umschwung begann um 1830 im Rheintal, als zum erstenmal Dampfkraft in der Industrie eingesetzt wurde und immer kompliziertere Maschinen die Produktivität der Textilwirtschaft sprunghaft erhöhten. Der Einfluß der Schweiz – Know-how, Kapital, Absatzorganisation – spielte dabei eine wichtige Rolle. In den Vorarlberg benachbarten Bergkantonen St. Gallen und Appenzell standen vergleichbare soziale Probleme an.
Es waren rund um den Bodensee sehr ähnliche Voraussetzungen, die seit dem zweiten Drittel des vorigen Jahrhunderts industrielle Gründungen begünstigten. Die Grenzen zwischen der Schweiz, Österreich und dem Deutschen Bund wirkten insofern eher belebend auf diese Entwicklung, als gerade die schon früh besonders fortschrittliche Schweizer Wirtschaft sich durch Gründungen jenseits ihrer Grenzen Märkte zu sichern suchte, die ihr sonst durch Zollschranken nur schwer erreichbar gewesen wären. Und Vorarlberg folgte in kleinerem Rahmen diesem Beispiel.
Zunächst entwickelte sich, angeregt durch französische Flüchtlinge in St. Gallen und Zürich, seit Anfang des Jahrhunderts die Textilindustrie außer im Vorarlberger Rheintal bald auch in Konstanz und in Ravensburg. Mitte des Jahrhunderts entstanden, zunächst meist als Zulieferer der Textilindustrie, die ersten Maschinenfabriken und Eisengießereien. Die Industrie faßte im Raum Singen Fuß und siedelte sich da und dort am Nord- und Südufer des Sees an. Die textile Fertigung fächerte sich auf, Stickerei und Spitzenproduktion spielten eine wichtige Rolle, Färberei, Druckerei, Ausrüstung. Im letzten Drittel des Jahrhunderts war eine

allgemeine industrielle Expansion zu beobachten, die vor allem vom inzwischen abgeschlossenen Bau der Eisenbahn profitierte. Die ersten Landmaschinen wurden hergestellt, die Nahrungsmittelindustrie etablierte sich, zu den Gerbereien kam die Schuhfabrikation.
Hand in Hand mit der Industrie waren die neuen Verkehrsmittel an den Bodensee gekommen: Zuerst die Dampfschiffahrt, dann – etwa zwischen 1850 und 1890 – die Eisenbahn. In einer Gegend, in der sich jahrhundertelang wichtige Verkehrswege des Kontinents gekreuzt hatten, war man zu jeder Anstrengung und zu jedem Opfer bereit, um durch die Bahn wieder Anschluß an den internationalen Handel und auswärtige Märkte zu bekommen. Ob dabei ein Stück Landschaft, ein Dorf, eine Stadt vom See abgeschnitten wurden, erschien so wenig von Belang wie die Einleitung der Industrieabwässer in Bäche und Flüsse oder in den See. Natur gab es im Überfluß; eher sah man sich veranlaßt, sie durch Flußbegradigungen, Uferverbauungen, Kultivierung von Mooren und dergleichen noch fester in den Griff zu nehmen.
Einen neuen Abschnitt der Industriegeschichte am Bodensee eröffnete im Jahr 1900 der Aufstieg des ersten lenkbaren Luftschiffes vor Friedrichshafen. Mit dem Bau von Luftfahrzeugen waren nicht nur neue Zulieferindustrien – Motorenbau, Zahnräder und Getriebe, Leichtmetall – verbunden, deren Bedarf bald auch die Fertigung in anderen Zentren am Bodensee beeinflußte. Mit der Eroberung der Luft, mit der sichtbaren Sprengung von für den Menschen bisher völlig unverrückbaren Grenzen, gewann die Technik auch psychologisch eine ganz neue Dimension. Das damit verbundene Selbstgefühl jedes einzelnen Mitarbeiters zählte zu den Kräften, die nach den beiden Weltkriegen eine den Wiederaufbau weit hinter sich lassende Entwicklung in kurzer Zeit ermöglichten. Der Fahrzeugbau kam hinzu, die Elektronik, die modernste Technik der Luft- und Raumfahrt.
Geschichte, Umfang und Bedeutung der Industrie am Bodensee rechtfertigen eine Position, die nicht hinter den Ansprüchen der Erholungslandschaft und des Fremdenverkehrs zurücksteht. Doch sosehr sich die Motivationen von einst und heute für den Anspruch auf industrielles Wachstum und weitere Verkehrserschließung gleichen, es gibt einen entscheidenden Unterschied: Im Gegensatz zu damals wissen wir heute, daß die Natur nicht unerschöpflich ist. Darin liegt die unabweisbare Verantwortung in der Gegenwart.

Bevölkerung und Flächenverbrauch

Die industrielle Entfaltung war von Anfang an mit einer starken Zunahme der Bevölkerung verbunden. Wenn sich die Zahl der Einwohner dabei insgesamt nahezu verdreifacht hat, so ergeben sich für die einzelnen Teilgebiete doch sehr unterschiedliche Entwicklungen. Das St. Gallische Rheintal zum Beispiel wurde erst in den zwanziger Jahren einbezogen, um die Badestadt Überlingen entstand erst nach dem Zweiten Weltkrieg die heute bedeutende Industrie. In den sechziger und siebziger Jahren lag der Schwerpunkt des Bevölkerungswachstums im Bodenseekreis mit 32 Prozent Zunahme, woran zweifellos das Ballungszentrum Friedrichshafen mit seinem immer weiter ins Hinterland greifenden Einzugsgebiet bedeutenden Anteil hat. In den 23 Prozent, die der Kreis Konstanz im gleichen Zeitraum (1961–1975) aufzuweisen hat, kommt die Anziehungskraft der reizvollen Landschaft um den Untersee deutlich zum Ausdruck und damit jenes Element des Bevölkerungswachstums, das am gesamten deutschen Ufer von Lindau bis zur Höri unübersehbare Akzente setzt: der deutsche Zug in den Süden. Da die materiellen Voraussetzungen, sich am Bodensee niederzulassen, meist erst im Laufe eines Lebens erworben werden, verschiebt sich der Aufbau der Generationen. Für die Schweiz ist der See da nicht so attraktiv, einer der Gründe, warum sich die Bevölkerung im Kanton Thurgau, um ein Beispiel zu nennen, in den Vergleichsjahren nur um 14 Prozent vergrößert hat. Inzwischen ist am Südufer sogar eine Stagnation, teilweise auch ein Rückgang der Bevölkerung zu beobachten. Die Stadt St. Gallen hatte 1975 noch 80000 Einwohner, zu Beginn der achtziger Jahre lag sie bereits unter 75000.
Gerade St. Gallen ist aber auch ein anschauliches Beispiel für die Tatsache, daß man die Frage der Landschaftsbelastung durch Bevölkerungszuwachs nicht nur nach den Einwohnerzahlen beurteilen kann. Die Siedlungsausbreitung wird durch veränderte Lebensgewohnheiten, durch höhere Ansprüche an Wohnkomfort, an Freizeitbeschäftigung, Verkehrserschließung und die ganze übrige Palette der sogenannten Infrastruktur – Schulen, Sportanlagen, Krankenhäuser, Einkaufszentren – wesentlich bestimmt. Es spielt auch eine Rolle, daß in einem Haushalt weniger Personen zusammen leben als früher. Der Landschaftsverbrauch durch den einzelnen hat also stark zugenommen, weshalb auch die Stadt St. Gallen – um sie hier nochmals anzuführen –, verglichen mit ihrer industriellen Hochblüte um 1910, heute weniger Einwohner hat als damals, aber das

Drei- bis Vierfache an Fläche in Anspruch nimmt. Eine Berechnung des Landes Baden-Württemberg zeigt drastisch, wohin die Entwicklung führt, wenn im Tempo der letzten Jahre weiter Straßen, Wohnungen, Fabriken, Dienstleistungseinrichtungen gebaut werden. Bis zum Jahre 2175 wäre dann die gesamte heute noch landwirtschaftlich genutzte Fläche überbaut; eine schlimme Vision, so schlimm, daß sie allzu leicht als irreal beiseite geschoben wird.

Anspruch der Ferienlandschaft

Der Streit der Planer, ob die Bodenseelandschaft als Erholungsraum nur der eigenen Bevölkerung zu dienen habe oder einem weiteren Umkreis, ist schon durch die großräumige Verkehrserschließung zugunsten des letzteren und damit auch im Sinne des Fremdenverkehrs entschieden worden. Die etwa eineinhalb Millionen Gäste, die in Hotels, Pensionen oder Privatzimmern am Bodensee Ferien machen – zu 80 Prozent am deutschen Ufer –, bedeuten, daß sich, je nach Wetter und Belegungsgrad, in der Hochsaison ständig 50000 bis 60000 Urlauber hier aufhalten. Rechnet man die über 60 registrierten Campingplätze hinzu, dann verdoppelt sich diese Zahl. Der Fremdenverkehr bringt also jedes Jahr so viele Erholungssuchende an den See, wie die Städte Friedrichshafen und Ravensburg zusammen Einwohner zählen. Dabei sind die vielen Tausende von Tagesgästen an Wochenenden nicht mitgerechnet.

Die Feriengäste genießen nicht nur die Landschaft, die beheizten Freibäder, die das Baden im See allenthalben ergänzen, Wandern und Beschäftigungsangebote aller Art, Gastlichkeit, Gastronomie und Wein. Sie füllen mit ihren Autos auch die Straßen, zumal viele Bodenseeorte sich werblich als Stützpunkte für ein weiträumiges Ausflugsprogramm empfehlen.

So gut sich das Angebot von rund 17000 Stellplätzen für Wohnwagen oder Zelt rund um den Bodensee ausnimmt: Es ist nicht leicht, einen davon zu bekommen. Obwohl sich aus den behördlichen Statistiken ergibt, daß der Anteil der Dauercamper zwischen 40 und 50 Prozent liegt, sind in Wahrheit acht von zehn Stellplätzen meist auf Jahre hinaus in fester Hand. Der komfortable Wohnwagen ersetzt das unerreichbare Ferienhaus am Bodensee.

»Dauerlieger« gibt es auch in den Sporthäfen, ein Grund dafür, warum die zum Teil massive Polemik gegen den Wassersport, der den Bodensee überfordere, ins Leere läuft. Das Mißverhältnis zwischen der Zahl von 40000 amtlich registrierten Booten (ca. 23000 Segelboote und 16500 Motorboote) und dem, was selbst an sonnigen Sommerwochenenden wirklich auf dem See schippert – nicht mehr als 2500 bis 3000 Boote –, kann niemand verborgen bleiben. Dicht kreuzen die Boote eigentlich nur im Bereich der Argenmündung am Obersee, wo drei große Häfen und der mit Abstand größte Campingplatz am See aneinandergrenzen; und wirklich dicht ist es oft auch am Westende des Überlinger Sees.

Die Erklärung ist einfach. Die Hälfte der am Bodensee registrierten Boote liegt nicht am See, sondern zum Teil weit entfernt landeinwärts, und kommt nur gelegentlich mit Trailer oder auf dem Autodach ans Wasser. Mit annähernd 10000 kann man die Zahl der leichten Sportboote, u. a. Segeljollen, angeben, die nicht als Fahrtenschiffe zum Einsatz kommen. So bleiben eben jene 10000 größeren Boote, die in den 70 Sporthäfen rundherum die Wasserliegeplätze in Anspruch nehmen. Und in diesen Häfen liegen selbst an den schönsten Sommertagen 75 bis 80 Prozent der Schiffe zugedeckt. Nicht daß zuviel Bootssport am Bodensee getrieben wird, scheint das Problem, sondern daß es trotz einer Vielzahl zugelassener Boote so wenig ist.

Für den Fremdenverkehr hätte der weitere Bau von Fernstraßen, zum Beispiel einer Autobahn über den Bodanrück nach Konstanz oder von Stockach nach Südosten in Richtung Lindau, ein doppeltes Gesicht. Die noch schnellere Erreichbarkeit der Ferienziele müßte mit mehr Lärm und Abgasen und mit weiteren Verlusten an landschaftlicher Ursprünglichkeit bezahlt werden. Die Bevölkerung selbst ist aus den gleichen Gründen gespalten. Das Autobahnkonzept der Baden-Württembergischen Landesregierung wurde nur teilweise ausgeführt. Bürgerinitiativen im internationalen Bodenseeraum buchen das als Erfolg, wie überhaupt ihr Druck auf die politischen Entscheidungen in Sachen Umweltschutz bedeutend gewachsen ist. Mit Rücksicht auf die Umweltbelastung lehnen sie gerade das ab, was – freilich unter gänzlich anderen Vorzeichen – den Bodenseeraum in den Jahrhunderten einmal wesentlich machte: ein Durchgangsland für den internationalen Verkehr zu sein.

Daß die Industrie, deren Unternehmen am Bodensee zum Teil europäische Bedeutung haben, im Wettbewerb steht und daß von ihr ein paar hunderttausend Arbeitsplätze rund um den See abhängen, ist so unbestritten wie der daraus sich ergebende Anspruch auf Verkehrserschließung und Infrastruktur. Der Maßstab, in dem diesen Anforderungen Rechnung getragen wird, muß sich aber nach der Landschaft als ganzer richten, wenn auch in Zukunft noch wahr sein soll, was Stellenanzeigen von Bodensee-Unternehmen über Freizeit und Erholung in unberührter Natur versprechen.

Die Verantwortung ist unteilbar

Planung zum Ausgleich oft widerstrebender Interessen erscheint also am Bodensee besonders wichtig. Es ist schwer verständlich, daß die beiden Baden-Württembergischen Landkreise am Bodensee, der Kreis Konstanz und der Bodenseekreis, nicht in einer Region zusammengefaßt wurden, sondern daß man diesen Oberschwaben, jenen dem Hochrhein zuschlug; eine moderne Entsprechung zur historischen Aufteilung der Zuständigkeiten in der Schweiz mit den Bodenseekantonen St. Gallen und Thurgau. So zerfällt die europäische Kernlandschaft, die wegen ihrer vielfältigen Verletzlichkeit mehr als andere einer einzigen Stimme bedürfte, heute in nicht weniger als sechs regionale Bereiche, allein auf deutscher Seite in drei. Daß die wenn nicht von Bonn, so doch von Stuttgart und München, auf seiten der beiden Nachbarländer von Wien und Bern gesteuerte Zusammenarbeit in vielen Fragen, bei allem guten Willen, zu allgemein in ihren Aussagen und zu schwerfällig in ihren Maßnahmen ist, um den Gang der Dinge rasch und entscheidend zu beeinflussen, kann niemand wundern.
Lapidare Feststellungen internationaler Gremien, Manifeste, Versicherungen von Politikern, Ministerien, Regierungen machen die Öffentlichkeit glauben, irgendwo oben habe man alle Entwicklungen im Griff, es werde schon alles gutgehen. Unter dem Schirm dieser beruhigenden Überzeugung blüht der persönliche wie der öffentliche Egoismus. Da legen sich Dörfer mit 3000 Einwohnern Flächennutzungspläne für 9000 zu, da werden Kläranlagen auf hohe Zuwachsraten berechnet, Bauquartiere in Konkurrenz mit Nachbargemeinden ausgewiesen, unwiederbringliche Hanglagen für potente Bauherren erschlossen. Ortsdurchfahrten und Kreuzungsausbauten werden überdimensioniert, Steganlagen entstehen am geschützten Ufer.
Der Perfektionismus blüht. Dorfsanierung gerät häufig zur Umwandlung in vorstädtisches Gartenmilieu mit autogerechtem Asphalt. Rechtsansprüche werden ins Feld geführt und beharrlich durchgefochten. Und jeder Schritt solchen Wachstums verringert die Überlebenschancen von See und Landschaft.
Die Wahrheit, die angesichts der Lebensfrage dieser Landschaft unteilbar ist, spricht aus den Bildern dieses Buches. Mit der Unbestechlichkeit der Vogelschau zeigt es die großartige Natur, zeigt es das Erbe der mit ihr eng verflochtenen Geschichte, zeigt es die lebendige Gegenwart voller Hoffnung und Gefahr. Die Verantwortung für die Zukunft dieser Landschaft liegt bei jedem einzelnen. Nur wenn alle bereit sind, sich ihr zu stellen und jede Entscheidung am Gesamtwohl der Landschaft zu messen, hat der Bodensee auch morgen eine Chance.

Bilderläuterungen 61–84

61 *Die Aufbereitungsanlagen der Bodensee-Wasserversorgung auf dem Sipplinger Berg*
Trinkwasser wird aus der Tiefe des Bodensees seit rund 100 Jahren entnommen. Das erste Pumpwerk baute 1895 die Stadt St. Gallen vor Rorschach. Von den 65 Trinkwasserwerken, die 1963 in Betrieb waren, arbeiten heute noch 18. Mehr als sie alle zusammen fördert seit 1958 die Bodensee-Wasserversorgung. Bei Süßenmühle südlich Sipplingen werden aus 60 Metern Tiefe, bei einer Leistung von fünf bis sieben Kubikmetern pro Sekunde, im Jahr rund 125 Millionen Kubikmeter Wasser entnommen und in die 300 Meter höher gelegenen Aufbereitungsanlagen auf dem Sipplinger Berg gepumpt. Hier wird das Wasser gesiebt, gefiltert, mit Ozon und Chlor behandelt, damit es auf seinem Weg in die Verbrauchsgebiete vor Keimen geschützt ist. Die Bodensee-Wasserversorgung steht im Verbund mit anderen baden-württembergischen Fernwasserversorgungen. Sie ist vor allem für den Großraum Stuttgart und für wasserarme Gebiete in den nördlichen Landesteilen lebenswichtig, wo rund 2,5 Millionen Menschen auf sie angewiesen sind.

62 *Kläranlage Überlinger See an der Seefelder Aach*
Eine der modernsten und leistungsfähigsten Kläranlagen am See wurde 1972 bis 1975 vom Zweckverband »Abwasserbeseitigung Überlinger See« zwischen Uhldingen und Seefelden errichtet. Sie ist für 75000 Einwohner ausgelegt und u. a. für das gesamte Abwasser der Stadt Überlingen zuständig. Die Baukosten beliefen sich auf 35 Millionen DM. Das einlaufende Abwasser wird im ersten Drittel der Anlage (im Bild oben, flankiert von Gebäuden und Türmen) mechanisch geklärt. Danach gelangt es in die biologische Klärstufe, wo weitere organische Verunreinigungen beseitigt werden. Hier wird der natürliche Reinigungsprozeß des Wassers, u. a. durch Sauerstoffzufuhr mit Hilfe von Rührwerken, belebt und beschleunigt (Bildmitte). Dabei bildet sich flockenartiger Schlamm, der in den anschließenden Nachklärbecken abgefangen wird. In den beiden Faultürmen (Bildmitte oben) wird dieser Schlamm dann bis zur Brauchbarkeit als Dünger vergoren, wobei Methangas (Behälter neben den Faultürmen) entsteht, das in den Gebäuden der Kläranlage als Heizenergie verwendet wird. Das runde Becken schließlich, das 1976 gebaut wurde, dient der chemischen Klärung, hier werden vor allem die Phosphate ausgefällt. Nur wenige Kläranlagen verfügen über eine gesonderte chemische Klärstufe, meist wird versucht, das Problem durch »Vorfällung« im Zuge der ersten oder zweiten Klärstufe zu lösen. Die Reinigungsleistung des Uhldinger Klärwerks wird mit 95 Prozent angegeben. Das gereinigte Wasser berührt die Seefelder Aach (im Bild unten) nicht. Es wird zweieinhalb Kilometer weiter südlich direkt in den Bodensee geleitet.

63 *Ferien mit See und Sonne: Campingplatz Maurach*
Für 210 Wohnwagen oder Zelte hat der Campingplatz zwischen Eisenbahn und See südlich Birnau Platz; 90 davon sind Dauerplätze, auf denen Caravans länger als acht Wochen stehen bleiben dürfen. Er zählt zu den Plätzen am Ufer, die naturgemäß von den Campern bevorzugt, von den Landschafts- und Gewässerschützern jedoch mit Argwohn betrachtet werden. Der mit 2,3 Hektar eher kleine und idyllische Platz Maurach läßt den Umfang des Problems nicht sogleich sichtbar werden. Immerhin gibt es allein im Bodenseekreis 19 Campingplätze, davon 15 mit zusammen 4400 Standplätzen unmittelbar am Ufer. Mehr als die Hälfte dieser Standplätze, nämlich 2350, befinden sich auf den beiden Kressbronner Plätzen »Gohren« und »Iriswiese«, die östlich der Argenmündung zusammen etwa zwei Kilometer Uferlänge einnehmen und in den Sommermonaten den Umfang einer Stadt mit 8000 bis 10000 Einwohnern erreichen. Das Bojenfeld vor dem Campingplatz Maurach, auf unserem Bild noch voll mit Segelbooten besetzt, soll aufgrund der jetzt strengeren gesetzlichen Bestimmungen aufgelöst werden.

64 *Yachthafen im »badischen Baggerloch« bei Gohren*
Die beiden natürlichen Häfen westlich und östlich der Argenmündung sind bei der Kiesgewinnung entstanden. Weil eine badische Firma hier schürfte, heißt das größere, östlich gelegene das »badische Baggerloch«. Nahezu 2000 der begehrten Liegeplätze, das ist ein Fünftel aller, die am Bodensee zur Zeit verfügbar sind, befinden sich in den Häfen beiderseits der Argenmündung. Im Hinblick auf die zahlreichen Service-Einrichtungen, u. a. sanitäre Anlagen, ohne die kein Hafenbetrieb zugelassen wird, sind wenige große Häfen letztlich umweltfreundlicher als viele kleine, wie sie in den siebziger Jahren vielfach von Gemeinden in eigener Regie eingerichtet wurden. Die Verkehrsprobleme im Bereich der Ein- und Ausfahrten halten sich in Grenzen, weil auch bei schönstem Wetter meist höchstens ein Viertel der Boote unterwegs ist. Unser Bild muß also nicht an einem Flautentag aufgenommen worden sein.

65 *Immenstaad: In 20 Jahren verdreifacht*
Das Dorf in unvergleichlich schöner landschaftlicher Lage am sanft ansteigenden Uferhang nordwestlich Friedrichshafen ist ein Beispiel für die Zwangsläufigkeit der Entwicklung auch in anderen Uferorten in den letzten 20 Jahren. Als man Anfang der sechziger Jahre die B 31 als Ortsumgehung ausbaute, hatte Immenstaad knapp 2000 Einwohner und war ein Dorf mit schmucken Fachwerkhäusern, dessen Eigenart durch die Umleitung des Durchgangsverkehrs geschützt werden sollte. Die danach einsetzende explosionsartige Bauentwicklung wurde nicht nur durch den Wohnungsbedarf von Mitarbeitern der beiden Dornier-Niederlassungen im Osten und Westen der Gemarkung begünstigt. Baugesellschaften setzten auf den Zweitwohnungstrend und auf das von den Landesplanern vorausgesagte Ansteigen des Naherholungsbedarfs um mindestens 60 Prozent. In 20 Jahren hat sich die Einwohnerzahl nahezu verdreifacht, mit allen Folgen infrastruktureller Baumaßnahmen wie Schulen, Sportstätten, Strandbad, Hafenbau, schließlich ein neues Rathaus. Wenn auch die Verantwortlichen heute einräumen, daß die Hochhäuser unmittelbar an der Bundesstraße »des Guten zuviel« gewesen seien: Sie bestimmen auch in Zukunft das Bild des Dorfes.

66 *Wenn die Stadt aufs Land zieht: Ferienpark bei Immenstaad*
Sie tragen so romantische Namen wie »Winnetou-« oder »Robinson-Häuser«, die Nur-Dach-Konstruktionen, die schon vor Jahren zwischen Wiesen und Obstquartieren oberhalb der Bundesstraße 31 und in unmittelbarer Nachbarschaft der Dornier-Werke entstanden. Satteldachhäuser und Apartmenthäuser kamen hinzu. Im Endausbau Mitte der achtziger Jahre soll der Wohnpark 190 Ferienhäuser und über 140 Apartments umfassen, ergänzt durch eigene Gastronomie, Kegelbahnen, Tennishalle; eine Art Campingplatz mit dem Komfort fester Wohnungen. Vom blauen Bodensee der Prospekte trennt den Wohnpark freilich die stark befahrene Bundesstraße, und auch Immenstaad ist für Fußgänger schwer zu erreichen.

67 *Überlingen mit dem neuen Stadtteil Burgberg*
Die Stadt Überlingen, einstige freie Reichsstadt, Kur- und Ferienort und Sitz bedeutender Industrien (u. a. Elektronik und Maschinenbau), hat heute um rund 70 Prozent mehr Einwohner als 1950. Ein Teil davon ist die Folge von Eingemeindungen, entscheidend war jedoch die Erschließung und Bebauung des Stadtteils Burgberg (im Vordergrund des Bildes), wo heute 3000 Menschen wohnen. Das Areal rund um ein aus dem Mittelalter stammendes kleines Wasserschloß mit prachtvoller Barockausstattung (Bildmitte links am Rand des Parks) wurde 1963 von der Stadt erworben. Vom Bund als Mustervorhaben gefördert, wurde das Ergebnis eines städteplanerischen Wettbewerbs mit den Mitteln moderner Bautechnik und getragen von der Wachstumseuphorie der sechziger Jahre innerhalb eines Jahrzehnts verwirklicht. Die ersten Häuser waren 1968 bezugsfertig. Für die große Verdichtung des Wohngebiets bringt man heute, da die Knappheit des Baulands der Allgemeinheit mehr bewußt wird, eher Verständnis auf als in den siebziger Jahren mit ihrer wohlstandsträchtigen Einzelhausbegeisterung. Städtebaulich werden die damals bewußt auf die Kuppen plazierten weißen Hochhäuser, deren Massigkeit eine Folge optimaler Kapitalausnutzung ist, heute als unschön empfunden. Der gleichfalls vom Bund geförderte Zuzug von Senioren in Altersruhesitze auf dem Burgberg hat den Altersaufbau der Stadt deutlich beeinflußt. Der Anteil an

Zweit- oder »Rolladen-Wohnungen« hält sich mit 15 bis 20 Prozent in Grenzen.

68 *Die große Tochter Zeppelins: Industriestadt Friedrichshafen*
Im bedeutendsten Industriezentrum am Bodensee hat die industrielle Entwicklung spät eingesetzt. Seine Geschichte ist die Zeppelins und der im Zusammenhang mit dem Luftschiffbau in den ersten beiden Jahrzehnten dieses Jahrhunderts entstandenen Betriebe. Für den Blick aus dem ersten Luftschiff, das sich am 1. Juli 1900 für achtzehn Minuten in der Luft halten konnte, boten sich im Bereich unseres Bildes vor allem Wiesen, Obstgärten und Wald. Die 1811 durch Zusammenfügung der kleinen Reichsstadt Buchhorn mit dem säkularisierten Kloster Hofen geschaffene Stadt war königliche Sommerresidenz und zählte gerade 5000 Einwohner.
Die erste, noch schwimmende Luftschiffhalle Zeppelins hatte sich vor dem weiter westlich gelegenen Manzeller Ufer befunden, wo dann 1914 Claude Dornier im Auftrag Zeppelins mit der Konstruktion von Flugzeugen begann. Nach der Luftschiffkatastrophe von Echterdingen schuf Zeppelin 1908 aus Mitteln der Spende des deutschen Volkes eine neue Werft auf dem freien Gelände westlich des Riedlewaldes (der als grüne Lunge seither der Stadtentwicklung standgehalten hat). Hier befanden sich in der großen Zeit des Zeppelin-Verkehrs auch die Start- und Landeeinrichtungen für die damals spektakulären Fahrten über den Atlantik und rund um die Welt.
Nach dem Zweiten Weltkrieg bot dieses Gelände der Friedrichshafener Industrie großzügige Erweiterungsmöglichkeiten. Im Kriege zu 80 Prozent zerstört, hat Friedrichshafen heute über 50000 Einwohner und rund 20000 Arbeitsplätze, überwiegend in der Metallindustrie. Die aus der Entwicklung des Luftschiffbaus hervorgegangenen Unternehmen – u.a. Zahnradfabrik, Motoren- und Turbinen-Union, Dornier – zählen zu den führenden ihrer Branchen in Europa. Seit 1973 ist Friedrichshafen Sitz des Bodenseekreises.
Am Ostrand des Riedlewaldes befindet sich das Gelände der Internationalen Bodensee-Messe und nördlich davon (unterer Bildrand Mitte) das 1915 für Werksangehörige des Luftschiffbaus angelegte Zeppelindorf, eine nach Konzept und Ausführung zukunftweisende, noch immer funktionsfähige Einrichtung.

69 *Friedrichshafen: Auf den Bodenseeverkehr ausgerichtet*
Nur noch wenige Spuren der 1944 fast gänzlich zerstörten Altstadt erinnern an die mittelalterliche Reichsstadt Buchhorn. Das Bild läßt nicht nur den Reiz der Uferanlagen hinüber zum Schloß mit der doppeltürmigen Barockkirche erkennen, sondern auch die Lasten, die ein auf dem Vorrang der Eisenbahn aufbauendes Verkehrskonzept der heutigen Stadtplanung auferlegt. Nicht nur, daß der Gleiskörper in westöstlicher Richtung die alten Stadtteile von den Entwicklungsgebieten nördlich der Bahn abschneidet: Die Bedeutung, die man dem Anschluß an die Schiffahrt in die Schweiz für Waggons, Güter und Personen lange Zeit zumaß, führte zum Bau des Hafenbahnhofs mit entsprechenden Gleisanlagen; eine weitere Barriere nach Südosten. Für die Feriengäste freilich ist der Hafen mit den ein- und ausfahrenden Schiffen der »Weißen Flotte« der schöne Ort sommerlicher Träume vom Bodensee.

70 *Die »schwimmende Brücke« zwischen Konstanz und Meersburg*
Eine Fährverbindung auf der 4,5 Kilometer langen Strecke über den Bodensee gab es schon im Mittelalter. Die Kommende des Deutschen Ritterordens auf der Mainau belehnte 1348 die Fischer- und Schiffergenossenschaft Staad mit dem Recht, eine Fähre zu betreiben. Der heutige Betrieb, inzwischen das größte Binnenschiffahrtsunternehmen in Europa, wurde 1928 aufgenommen, um Konstanz enger mit dem Nordufer zu verknüpfen. Das erste Fährschiff konnte 12 bis 14 Autos und 60 Personen befördern. Die »Thurgau« auf unserem Bild, 1954 in Dienst gestellt, faßt 40 Autos und 600 Personen, während die größten Schiffe der Fährflotte heute Platz für je 54 Autos und 700 Fahrgäste bieten. Die sechs Fähren, alle auf der Kressbronner Werft gebaut, fahren seit 1967 im Tag- und Nachtbetrieb. Pro Jahr werden etwa 1,3 Millionen Autos, 173000 Lastwagen und Omnibusse sowie 4,6 Millionen Fahrgäste übergesetzt.

71 *Bodenschätze werden abgebaut: Kieswerk im Tettnanger Wald*
Die oberschwäbische Moränenlandschaft birgt umfangreiche und qualitativ hochwertige Kiesvorkommen, die den Abbau in großem Stil – entsprechend dem enormen Bedarf durch die Baukonjunktur gerade in den siebziger Jahren – lohnend erscheinen lassen. Unser Bild zeigt eines der vier Kieswerke im Tettnanger Wald, wo auf einer Gesamtfläche von 120 Hektar abgebaut wird; aus Gründen der ökologischen Bedeutung dieses Waldgebiets südlich Tettnang allerdings befristet bis 1988. Rechts um die Bildmitte sind die Sieb- und Waschanlagen zu erkennen, die Absetzbecken, durch die abschlemmbares Material dem Boden wieder zugeführt wird, und die Halden mit den verschiedenen Kiessorten. Die bis zu 15 Meter hohen Abbauwände (Bildmitte links) rücken nach Süden vor. Eines Tages wird das nächste Kieswerk (linke obere Ecke), das die gleiche grundwasserschützende Sohlenhöhe einhalten muß, erreicht sein. Es ist das Bestreben der Forstverwaltung, die hier Grundeigentümer ist, im Zuge der Rekultivierung (die von der Bildmitte nach unten bereits deutlich zu erkennen ist) wieder eine einigermaßen ausgewogene Landschaftsgestaltung zu erreichen. Im Gegensatz zu den kleinen Kiesgruben für den Handwerksbedarf von einst erfordert die Einrichtung eines Kieswerks dieser Größenordnung Investitionen in Millionenhöhe. Durch den Rückgang der Baukonjunktur hat sich das Schürftempo in den letzten Jahren verlangsamt. Im Bodenseekreis wurden 1980 2,5 Millionen Tonnen Kies abgebaut, das sind rund vier Prozent der Förderung in Baden-Württemberg. Da etwa 40 Prozent der Fördermenge nach Bayern, Österreich oder in die Schweiz exportiert werden, spielt in der Diskussion um den Kiesabbau neben dem Landschaftsschutz auch die Frage der Rohstoffsicherung eine Rolle.

72 *Lindaus 130jähriges Erbe: Die Eisenbahn am Hafen*
Die Schiffsländе der freien Reichsstadt, die schon im Mittelalter zu den wichtigen Handelsplätzen im Nord-Süd-Verkehr zählte, befand sich am Kai. Dort steht noch der Mangturm, einst zugleich Leuchtturm und Teil der Stadtbefestigung. Mit dem Bau des heutigen Hafens wurde 1811/12 unter Bayerns König Maximilian I. begonnen. Das Baumaterial stammte von den Lindauer Mauern und Türmen und vom Abbruch der Bregenzer Abtei Mehrerau. Seit 1856 stehen der Löwe und der neue Leuchtturm als Wahrzeichen. Drei Jahre vorher hatte die Eisenbahn Lindau erreicht. Um die Handelstradition mit den neuen Verkehrsmitteln wieder zu beleben, opferte die durch den Wandel der politischen Verhältnisse verarmte Stadt das grüne Gartenland der sogenannten Unteren Insel für die Bahnhofsanlagen. Bis zum Bau der Arlbergbahn 1884 erlebte Lindau noch einmal eine Blüte als Umschlagplatz insbesondere für ungarisches Getreide. Heute liegt die Bedeutung des Hafens mit der malerischen Stadtkulisse im Fremdenverkehr. Lindau, dessen Stadtgebiet auf dem Festland an Einwohnern und Fläche ein Vielfaches der Insel ausmacht, stützt sich wirtschaftlich neben dem Tourismus auf Gewerbe und Industrie. Einige große Betriebe produzieren auf den Gebieten Gummiverarbeitung, Maschinenbau und Flugzeugausrüstung.

73 *»Rinnstrich« im Zeller See*
Wo gegenläufige Strömungen – die Fischer sprechen von Rinnen – aufeinanderprallen, werden die Schmutzstoffe an die Oberfläche geworfen und ergeben einen sogenannten Rinnstrich, der entsprechend der Strömung manchmal in Mäandern verläuft. Im Frühling kann solche »Wasserblüte« auch eine ganz natürliche Ursache haben. Sie besteht dann aus gelben Blütenpollen, die der Wind aus Nadelwäldern – zum Teil über große Entfernungen – heranbringt.

74 *Eutrophierung am Beispiel des Rheins unterhalb Konstanz*
Am Ostende des Untersees, zwischen Konstanz und Gottlieben, bildet der Rhein eine schmale, fünf bis sechs Meter tiefe Fahrrinne zwischen den Verlandungszonen. Die Aufnahme aus dem Spätsommer zeigt den charakteristischen Unterschied des Stroms vom Flachwasser: Er ist frei von Pflanzen, die in der kühleren, ständig bewegten und nur oberflächlich belichteten Fahrrinne keine günstigen Bedingungen finden. Diese sind dagegen im warmen, bis zum Grund belichteten Flachwasser optimal für die physikalischen und chemischen Vorgänge der Eutrophierung. Das Laichkraut, landläufig auch Seegras genannt, kommt infolge der schlechteren Wasserqualität nur noch in ein bis zwei Arten, dafür um so massen-

hafter, vor. Es wird von Blau- und Fadenalgen überwachsen, verfilzt dadurch watteartig und riegelt, da es wie eine Mauer bis zum Seegrund reicht, das Flachwasser von der Zufuhr von Frischwasser – hier z. B. aus dem Rhein – ab. Die zunächst grünen Algenwatten färben sich im Verfall zuerst gelb und dann braun, ehe sie absterben und auf dem Seeboden dessen Verschlechterung beschleunigen.

75 *Das dichtbesiedelte Rheintal südlich Bregenz*
Der breite Rheingraben, der Vorarlberg und die Nordostschweiz miteinander verbindet, wird von einer äußerst vielgestaltigen Berglandschaft begleitet. An den Süd- und Osthängen, die im Vorfeld des Alpstein das Appenzeller Land (obere rechte Bildhälfte) ins Tal vorschiebt, lassen die warmen Föhnwinde einen vorzüglichen Wein gedeihen. Gegenüber, wo das bei der Regulierung abgeschnittene alte Rheinknie von Diepoldsau deutlich zu erkennen ist, bietet die Thermik an den bei Hohenems aufsteigenden Bergwänden gute Voraussetzungen für den Segelflug. Im oberen Bilddrittel links zweigt bei Feldkirch am Fuß der Drei Schwestern der Walgau in Richtung Arlberg ab, rechts werden die Ausläufer der Churfirsten im Toggenburg sichtbar. Gravierender als alles aber springt die Siedlungsdichte ins Auge. Im Vorarlberger Rheintal wohnten um 1900, zur Zeit der Rheinregulierung, 78000 Menschen, heute sind es an die 200000. Ein Beispiel dieser Entwicklung ist Lustenau (Bildmitte), mit 18000 Einwohnern Österreichs größte Marktgemeinde und das Stickereizentrum des Landes. Allein in den letzten 30 Jahren hat sich seine Bevölkerungszahl um 80 Prozent vergrößert. Das Dorf in den Rheinauen, die ihm noch immer das Flair einer gewissen ländlichen Idylle geben, war schon im 9. Jahrhundert ein karolingischer Stützpunkt. Die Wende in seinem kärglichen Dasein trat um 1860 ein, als Vorarlberg in die von St. Gallen und Zürich ausgehende Expansion der Schweizer Textilindustrie mit einbezogen wurde.

76 *Verkehrsentlastung für Bregenz: Südportal des Straßentunnels durch den Pfänder*
Die Vorarlberger Landeshauptstadt zwischen dem See und den Bergbastionen von Pfänder und Gebhardsberg (ehemalige Burg Hohenbregenz auf dem Felsvorsprung in Bildmitte) war schon immer ein Verkehrsengpaß. Während der mittelalterliche Handelsverkehr zwischen dem Nordufer und dem Alpenrheintal mit Schiffen über den See bewältigt wurde, bildete die Bregenzer Klause nördlich der Stadt einen strategisch bedeutsamen Riegel. Erst um 1830 wurde hier eine Straße entlang dem Ufer gebaut, der 1872 die Eisenbahn folgte. Den motorisierten Massen, die sich seit den sechziger Jahren auf der Fahrt zu den alpinen Ski- und Ferienzentren zur Urlaubszeit und an Wochenenden durch ihre Straßen zwängten, war die engräumige alte Stadt nicht gewachsen. Verkehrszusammenbrüche mit allen nachteiligen Folgen für Bevölkerung und Umwelt waren an der Tagesordnung. Seit dem Winter 1980/81 wird Bregenz nun durch den 6,7 Kilometer langen Pfändertunnel im Zuge der Vorarlberger Rheintalautobahn östlich umgangen. Für rund 200 Millionen Mark (1,5 Milliarden Schilling) wurde er in vier Jahren gebaut. Das Nordportal befindet sich nördlich des Klausbergs bei Lochau, das Südportal (unser Bild) am Fuß des Gebhardsberges nahe der Bregenzer Ach bei Kennelbach.

77 *Die Bahn im Computer-Zeitalter: Güterterminal in Wolfurt*
Der Wunsch der Bregenzer, den Uferbereich ihrer Stadt vom Verkehr zu entlasten und Barrieren zum See wegzuräumen, führte zum Entschluß, den Güterbahnhof nicht am alten Platz zu modernisieren, sondern ihn nach außerhalb zu verlegen. Da auch in Dornbirn Neubauten unaufschiebbar gewesen wären, bot sich eine zentrale Anlage für Bregenz, Dornbirn und Lustenau an. Wolfurt hatte nicht nur das notwendige Gelände von über 35 Hektar. Auch der Straßenanschluß – im Bildhintergrund die Autobahn, links die Bundesstraße 190 und unten eine örtliche Verbindungsstraße – kam einem Grundgedanken der neuen Anlage entgegen: Knotenpunkt zwischen Schiene und Straße zu sein. In zwölf Jahren Bauzeit entstand mit einem Aufwand von 145 Millionen Mark einer der modernsten Güter-Umschlagsplätze Österreichs. Ein Stellwerk jüngster Technologie (im Bild rechts unten, auf dem Betriebsgebäude direkt am Bahnkörper) steuert den Verkehr auf den insgesamt 4,6 Kilometern Gleisanlagen mittels Mikroprozessoren und einem Prozeß-Video-System.

Drei Gleise laufen – mit Rücksicht auf Grundwasser und Bodensee – in öldichten Wannen. Für die reibungslose Verbindung des Gütertransports auf Schiene und Straße besonders wichtig sind die Gebäude links von der Bildmitte. Hier haben die beiden großen Speditionen des Landes ihren Sitz, hier gibt es Spezialkräne zum Umsetzen von Containern und alle Einrichtungen für rasche Verladung. Auch die Post und der Zoll sind einbezogen. Das Haus im spitzen Winkel unten rechts ist das Übernachtungsgebäude für das Zugpersonal und die Kapitäne der Landstraße. Der Bahnhof ist seit Frühjahr 1982 offiziell in Betrieb.

78 *Rorschach: Vom Reichshof des Fürstabts zur Industriestadt*
Die Gleise der 1856 eröffneten Eisenbahn trennen nicht nur das barocke Kornhaus am Hafen (von G. G. Bagnato 1746–1749) von der Stadt, sie sind zugleich Symbol des historischen Einschnitts, den das 19. Jahrhundert für den vormals fürstäbtlich St. Gallischen Reichshof Rorschach bedeutete. Schon 947 hatte die Abtei für den Ort das Markt-, Münz- und Zollrecht erhalten. Der Versuch Ende des 15. Jahrhunderts, das Kloster selbst auf Rorschacher Gemarkung zu verlegen, scheiterte am harten Widerstand der Appenzeller und der Stadt St. Gallen. Leinwandweberei und Kornhandel verhalfen dem Reichshof vor allem im 18. Jahrhundert zu wirtschaftlicher Blüte. Hafen und Kornhaus, wo die Getreideschiffe von allen wichtigen Umschlagplätzen des Nordufers anlegten, hatten für die Brotversorgung der gesamten Nordostschweiz entscheidende Bedeutung. Von der Pracht der historischen Altstadt zwischen dem Kornhaus und St. Kolumban (im Bild oben rechts) geben noch barocke Hausfassaden entlang der Hauptstraße und der Mariabergstraße einen Eindruck, aber viel ging im Zuge des industriellen Wachstums seit Mitte des vorigen Jahrhunderts verloren. Allein zwischen 1870 und 1888 war eine Bevölkerungszunahme von 70 Prozent zu verzeichnen. Zunächst entwickelte sich die Stickereiindustrie, dann die Kunstseidenherstellung. Reparaturwerkstätten für die Bahn siedelten sich an, Maschinenbau, Aluminiumwalzwerke, eine Gießerei, Kunststoffverarbeitung, ein Milchwerk, eine Konservenfabrik. Die wechselnde Konjunktur beeinflußte Wohlstand und Bevölkerungsentwicklung. Rorschach hat heute 12000 Einwohner.

79 *Arbon, ein Zentrum des Schweizer Fahrzeugbaus*
Die Arboner Altstadt auf dem historischen Boden, den die Römer schon zu Beginn unserer Zeitrechnung besiedelten und Mitte des 3. Jahrhunderts zur Festung »Arbor Felix« (Glücklicher Baum) ausbauten, würde sich am linken Bildrand unten anschließen. Die Bedeutung der nach Westen abgeschirmten Bucht, die schon in vorgeschichtlicher Zeit Menschen anzog, läßt sich dennoch erkennen. An dieser Bucht entlang führt eine schattige Promenade hinüber nach Steinach, dem St. Gallischen Hafen des Mittelalters, dessen Gredhaus aus dem 15. Jahrhundert, am Rand des als Campingplatz genutzten Parks auf der Halbinsel (Bildmitte links), mit der Kraft seiner einfachen Formen noch immer die Reste des einst idyllischen Dorfes beherrscht. Die Entwicklung, die Arbon zu einem der bedeutendsten Industriezentren der Nordostschweiz machte, begann Mitte des 19. Jahrhunderts. Aus einer mechanischen Werkstätte für Webstühle entstand damals die Saurer AG, deren Werk 2 in der Bildmitte zu sehen ist. Schon 1903 wurde hier das erste Lastautomobil gefertigt, Start eines Produktionszweiges, der noch heute für 3000 Arbeitsplätze in Arbon entscheidend ist. Um die Jahrhundertwende richtete ein Amerikaner eine Stickereifabrik ein, die bereits um 1910 nahezu ebenso viele Arbeitskräfte beschäftigte. Mit damals 9600 Einwohnern hatte sich die Bevölkerung Arbons in den 50 Jahren seit 1860 knapp verzehnfacht. Der Wohlstand der heutigen 12000-Einwohner-Stadt hängt am Maschinen- und Apparatebau. Die dichten Industrieanlagen in Ufernähe setzen sich über Steinach und Horn fort nach Rorschach, das den Bildhintergrund einnimmt.

80 *Wachstum im Zeichen der Eisenbahn: Romanshorn*
Das von Bahn- und Hafenanlagen beherrschte Bild läßt nichts mehr ahnen von dem einstigen Fischerdorf, dessen erste – jüngst sorgfältig restaurierte – Kirche schon in einer Urkunde von 779 erwähnt ist. Um so beispielhafter ist es für die Veränderungen des 19. Jahrhunderts. Entscheidend war der Entschluß des 1798 selbständig gewordenen Kantons Thurgau, hier einen eigenen Hafen zu bauen, und zwar den größten am Bodensee; 1844 wurde er fer-

tiggestellt, 1855 erreichte die Eisenbahn von Zürich über Winterthur und Frauenfeld in Romanshorn den Bodensee. Aber erst mit der Bodenseegürtelbahn nach Rorschach (1869) und nach Konstanz (1871) war der Knotenpunkt geschaffen, den 1910 noch die Bahn nach St. Gallen ergänzte. Seit 1855 gab es eine Dampferverbindung nach Friedrichshafen, Lindau und Bregenz. Der Warenumschlag über den See nahm aber vor allem durch den Eisenbahn-Trajektverkehr nach Friedrichshafen großen Aufschwung, der – mit unterschiedlichen Schiffen und unterbrochen durch die beiden Weltkriege – von 1869 bis 1976 aufrechterhalten wurde. Heute dient die Fähre nicht nur dem Autoverkehr, sie bietet auch Bahnreisenden gute Anschlüsse zwischen Zürich und Ulm. Die Bahn, eine Eidgenössische Zollstation, die Ansiedlung von Gewerbe und Handel führten zwischen 1830 und 1910 zu einem Anwachsen der Bevölkerung von 1200 auf 6000. Der Preis für solches Wachstum war nicht nur die weitgehende Beseitigung der dörflichen Bausubstanz und eine überhitzte Baulandkonjunktur: Romanshorn wurde durch die Bahn vollkommen vom See abgeschnitten. Erst nach und nach gelang es, um den Schloßberg (im Bildhintergrund links) dem Dorf wieder Zugang zum Ufer und großzügige Erholungsmöglichkeiten zu verschaffen.

81 *Konstanzer Stadtentwicklung im 19. Jahrhundert*
Die mittelalterliche Bischofsstadt und Bodenseemetropole war eng beisammen. Deutlich läßt sich auf unserem Bild der Verlauf der ehemaligen Stadtmauer verfolgen, wenn man beim heutigen Verkehrsverteiler an der Rheinbrücke (unterer Bildrand halbrechts) beginnt. Die von links oben nach rechts unten knapp unter der Bildmitte verlaufende Schneise, die Laube, entstand nach Abbruch der Befestigung in der zweiten Hälfte des vorigen Jahrhunderts. Sie ist heute die wichtigste Verkehrsader vom Rheinufer zur Schweizer Grenze. Der Name Paradies für den entlang der Laube beginnenden Stadtteil, dessen östliche Quartiere die ganze Bildfläche rechts und oben einnehmen, bezog sich ursprünglich nur auf ein schon im Mittelalter besiedeltes fruchtbares Gewann ganz im Westen. Der Bau von Wohnhäusern, Werkstätten und öffentlichen Einrichtungen begann noch zögernd um 1850, steigerte sich im letzten Drittel des Jahrhunderts und nahm in den Jahren 1890 bis 1910 ein bis dahin noch nicht vorstellbares Tempo auf. Sie spiegelt die in den siebziger Jahren einsetzende zweite Industrialisierungswelle, Bevölkerungswachstum und Wohnungsbedarf. Zugleich gibt das Paradies ein Beispiel für die sich rasch wandelnden planerischen und architektonischen Vorstellungen in dieser Zeit und für die Unbekümmertheit, mit der immer wieder abgerissen und neu überplant wurde. So veranschaulicht das Paradies die bauliche Entwicklung eines Jahrhunderts von der Karreebebauung über denkmalgeschützte Häuser im Jugendstil bis zu den Wohntürmen der Gegenwart.

82 *Universität Konstanz: Unfreiwillig auf der grünen Wiese*
Das Bild macht die Grenzen planerischer Überlegungen deutlich. Als 1966 der Grundstein für die Universität am Rand des Mainauwaldes (unten rechts) gelegt wurde, ging man von einer rascheren Stadtentwicklung nach Norden aus, die das Universitätsareal bald einholen würde. Aber es liegt noch immer auf der grünen Wiese. Auch die neue Rheinbrücke ins Paradies, Teilstück einer über den Bodanrück und weiter in Richtung Schweiz geplanten Autobahn, blieb zunächst Torso und wurde schließlich doch dem innerstädtischen Verkehr erschlossen. Klar erkennbar sind auch die Gefahren, die sich aus der Stadtentwicklung für das Wollmatinger Ried (im oberen Bilddrittel, rechts von Rhein und Untersee) ergeben. Noch Anfang der sechziger Jahre gingen hier zehn Hektar für Straßenbau und ein Gewerbe- und Industriegebiet verloren. 1970 – ein Jahr nach Verleihung des Europa-Diploms »als Schutzgebiet von internationaler Bedeutung« – scheiterte die weitere Überplanung von vier Hektar am Protest der Naturschutzvereinigungen. Die Universität auf dem Giesberg, von dem Architekten Friedrich-Wilhelm v. Wolf als ein riesiger Organismus entworfen, der alle Funktionen einer Hochschule räumlich optimal zusammenfaßt, setzt in der idyllischen Uferlandschaft zwischen Egg und der Mainau einen zumindest umstrittenen architektonischen Akzent. Rund 4000 Studenten profitieren von der Überschaubarkeit der Modelluniversität und von den menschlichen Kontakten in den eng begrenzten Fachbereichen, aber sie beklagen den Mangel an Atmosphäre in der überdimensionalen, vom städtischen Leben isolierten Betonlandschaft.

83 *Schneller gewachsen als alle: Singen am Hohentwiel*
Als Matthäus Merian die »Vestung Hochen Twiel« in Kupfer stach, die gerade unbesiegt den Dreißigjährigen Krieg überstanden hatte, und als Napoleon 150 Jahre später die württembergische Festung, eine der größten in Süddeutschland, schleifen ließ, war das Dörfchen Singen, an der Aach am östlichen Fuß des Vulkankegels gelegen, ein Flecken wie viele, mit wenig mehr als 1000 Einwohnern. Den ersten Schritt in die Zukunft tat 1845 eine Baumwollspinnerei. Entscheidend waren dann der Ausbau des Eisenbahnknotenpunkts nach 1863 und das Bestreben von Schweizer Unternehmen, durch Niederlassungen in Deutschland die Zollgrenzen zu überwinden und das niedrigere Lohnniveau zu nutzen. Infolge solcher Gründungen – Maggi 1887, Eisen- und Stahlwerk Fischer 1894, Aluminium-Walzwerke 1912 – entwikkelte Singen ein geradezu amerikanisches Wachstum, das stärkste im Vergleich aller Gemeinden Baden-Württembergs: Zwischen 1871 und der Jahrhundertwende verdoppelte es seine Einwohnerzahl auf 3500, in den sechziger Jahren hatte es sich bereits verzehnfacht, heute hat es über 50000 Einwohner. Die drei Großbetriebe aus den Gründerjahren (Industriegebiet von der Bildmitte nach links) stellen heute zusammen 11000 Arbeitsplätze. Bei solchem Wachstum ging nicht nur das alte Dorf bis auf wenige Reste verloren, auch die Bauten der Gründerzeit einschließlich Arbeitersiedlungen wichen neuen Straßen, Wohnblocks, Hochhäusern und Großmärkten. Das Ende der von Stuttgart her kommenden Autobahn nördlich Singen (am Fuß des Hohenkrähen, rechter Bildrand oben) hat den Durchgangsverkehr in Richtung Radolfzell–Konstanz und in die Schweiz und damit die totale Überlastung der Innenstadt noch verstärkt. Wie in einer anderen Welt thront über der stillen Hegaulandschaft der Doppelgipfel des Hohenstoffeln.

84 *Die Bodensee-Autobahn bei Geisingen*
Nach zehn Jahren Bauzeit wurde 1978 die A 81 von Stuttgart–Herrenberg nach Singen dem Verkehr übergeben. Sie ist 119 Kilometer lang, hat 18 Brükkenbauwerke und Überführungen sowie einen Tunnel, verbrauchte 1150 Hektar Land, die in 32 Flurbereinigungsverfahren bereitgestellt wurden, und kostete rund eine Milliarde Mark. Man hatte beim Bau dieser Autobahn nicht nur den Nord-Süd-Verkehr in Richtung Schweiz und die Entlastung von Ortsdurchfahrten sowie die bessere Anbindung des südlichen Schwarzwaldes und der Bodenseeregion an den Zentralraum Stuttgart im Auge, sondern wollte ausdrücklich den Wirtschafts- und Touristikverkehr in diese Gebiete beleben. Damit sollten auch die Voraussetzungen für neue Industrie- und Gewerbeansiedlungen geschaffen werden. Daß solcher Nutzen seinen Preis hat, zeigt sich bei Geisingen (Bildmitte) am Schnittpunkt mit der von Westen kommenden Bundesstraße 31 und der nach Osten abzweigenden B 311, wobei die Autobahn hier auch noch das tief eingeschnittene Donautal überbrücken muß. Geisingen ist daher nach drei Seiten hin von Straßenbauwerken eingeschlossen. Die Vorteile der neuen Verkehrslage für das Zementwerk südöstlich des Dorfes, das seinen Rohstoff aus dem Jurakalksteinbruch (linke Bildhälfte) bezieht, sind dagegen unverkennbar. Dem Plan der A 81 lag das Konzept zugrunde, vom Autobahnkreuz Singen aus (der Hohentwiel ist zum oberen Bildrand hin deutlich zu erkennen) einen leistungsfähigen Anschluß Richtung Schaffhausen und Zürich zu schaffen und die A 98 den Bodensee entlang nach Lindau zu bauen. Bis auf das Teilstück nach Stockach scheiterten diese Vorhaben bisher am Widerstand von Bürgerinitiativen für den Landschaftsschutz und am Geldmangel.

61 Die Aufbereitungsanlagen der Bodensee-Wasserversorgung auf dem Sipplinger Berg

63 *Ferien mit See und Sonne: Campingplatz Maurach*

62 *(Linke Seite) Kläranlage Überlinger See an der Seefelder Aach*

64 Yachthafen im »badischen Baggerloch« bei Gohren

65 Immenstaad: In 20 Jahren verdreifacht

66 Wenn die Stadt aufs Land zieht: Ferienpark bei Immenstaad

67 Überlingen mit dem neuen Stadtteil Burgberg

68 *Die große Tochter Zeppelins: Industriestadt Friedrichshafen*

69 *Friedrichshafen: Auf den Bodenseeverkehr ausgerichtet*

70 Die »schwimmende Brücke« zwischen Konstanz und Meersburg

71 *Bodenschätze werden abgebaut: Kieswerk im Tettnanger Wald*

72 *Lindaus 130jähriges Erbe: Die Eisenbahn am Hafen*

73 »Rinnstrich« im Zeller See

74 Eutrophierung am Beispiel des Rheins unterhalb Konstanz

75 Das dichtbesiedelte Rheintal südlich Bregenz

76 Verkehrsentlastung für Bregenz: Südportal des Straßentunnels durch den Pfänder

77 *Die Bahn im Computer-Zeitalter: Güterterminal in Wolfurt*

78 Rorschach: Vom Reichshof des Fürstabts zur Industriestadt

79 *Arbon, ein Zentrum des Schweizer Fahrzeugbaus*

80 Wachstum im Zeichen der Eisenbahn: Romanshorn

81 Konstanzer Stadtentwicklung im 19. Jahrhundert

82 Universität Konstanz: Unfreiwillig auf der grünen Wiese
83 Schneller gewachsen als alle: Singen am Hohentwiel

84 Die Bodensee-Autobahn bei Geisingen

Register

Fotonachweis

Die Ziffern vor den Klammern bezeichnen die Abbildungsnummern.
Deutschland: 1 (2/15072), 4 (2/51147 C), 6 (2/33648), 7 (2/49718 C), 8 (2/50348 C), 9 (2/48801 C), 10 (2/49652 C), 11 (2/52309 C), 12 (2/47481 C), 13 (2/51217 C), 14 (2/52771 C), 15 (2/52319 C), 17 (2/50700 C), 18 (2/52134), 19 (2/50701 C), 20 (2/50699 C), 21 (2/50721 C), 22 (2/36108), 23 (2/49733 C), 24 (2/50720 C), 25 (2/53532), 26 (2/51228 C), 27 (2/51232 C), 28 (2/53260), 29 (2/41782 C), 34 (2/22897), 35 (2/50711 C), 36 (2/49759 C), 37 (2/49732 C), 38 (2/47693 C), 39 (2/52311 C), 40 (2/47684 C), 41 (2/49655 C), 42 (2/48794 C), 43 (2/51221 C), 44 (2/51226 C), 45 (2/52211 C), 46 (2/52214 C), 47 (2/48796 C), 48 (2/52979 C), 49 (2/52616), 50 (2/51446 C), 51 (52607), 52 (2/27087), 53 (2/46955 C), 56 (2/47664 C), 57 (2/42394 C), 58 (2/42439 C), 60 (2/51197 C), 61 (2/52133), 62 (2/49730 C), 63 (2/49729 C), 64 (2/52618), 65 (2/38605 C), 66 (2/52613), 67 (2/52129), 68 (2/51139 C), 69 (2/48787 C), 70 (2/49751 C), 71 (2/48799 C), 72 (2/53049 C), 73 (2/34538), 74 (2/50347 C), 81 (2/48659), 82 (2/51153 C), 83 (2/50704 C), 84 (2/41642), Vorderes Vorsatz (2/41853 und 2/41854), Hinteres Vorsatz (2/52137 und 2/52138) freigegeben vom Regierungspräsidium Nordwürttemberg, Stuttgart.
Österreich: 3 (A 52330 C), 30 (A 43756 C), 54 (A 52331 C), 75 (A 22565), 77 (A 53047)
Schweiz: 2 (CH 52328 C), 5 (CH 51203 C), 16 (CH 49695 C), 31 (CH 49390 C), 32 (CH 41703), 33 (CH 49358 C), 55 (CH 51462 C), 59 (CH 50341), 76 (CH 51463 C), 78 (CH 51459 C), 79 (CH 51452 C), 80 (CH 51449 C)

Der Untersee mit der Insel Reichenau (links) und der Halbinsel Mettnau (rechts)